中国咨询业发展蓝皮书

中国科技咨询协会 ◎ 组织编写

科学技术文献出版社
SCIENTIFIC AND TECHNICAL DOCUMENTATION PRESS
·北京·

图书在版编目（CIP）数据

中国咨询业发展蓝皮书 / 中国科技咨询协会组织编写. —北京：科学技术文献出版社，2020. 12（2022. 3重印）
ISBN 978-7-5189-6124-5

Ⅰ. ①中…　Ⅱ. ①中…　Ⅲ. ①咨询业—研究报告—中国　Ⅳ. ① C932. 82

中国版本图书馆 CIP 数据核字（2019）第 223625 号

中国咨询业发展蓝皮书

策划编辑：孙江莉　　责任编辑：刘　亭　　责任校对：王瑞瑞　　责任出版：张志平

出 版 者　科学技术文献出版社
地　　址　北京市复兴路15号　邮编 100038
编 务 部　（010）58882938，58882087（传真）
发 行 部　（010）58882868，58882870（传真）
邮 购 部　（010）58882873
官方网址　www.stdp.com.cn
发 行 者　科学技术文献出版社发行　全国各地新华书店经销
印 刷 者　北京虎彩文化传播有限公司
版　　次　2020 年 12 月第 1 版　2022 年 3 月第 3 次印刷
开　　本　710×1000　1/16
字　　数　184千
印　　张　12.75
书　　号　ISBN 978-7-5189-6124-5
定　　价　78.00元

《中国咨询业发展蓝皮书》

编　委　会

执笔人：傅　强　冯宗智

支持单位

苏亚金诚会计师事务所（特殊普通合伙）
北京市长城企业战略研究所
常州市壹脉基科技咨询有限公司
北京同心动力企业管理顾问有限公司
北京东方博融管理咨询有限公司
湘能卓信项目管理有限公司
天津市红珊瑚广告有限公司
拓索市场咨询（北京）有限公司
上海科技咨询有限公司
江苏蓝鲸咨询有限公司
上海东方投资监理有限公司

鸣　谢

《中国咨询业发展蓝皮书》历时两年终于出版，特别感谢在本书编纂、出版过程中给予我们帮助的所有人，是你们不断提供身体力行的帮助，对协会不遗余力的信赖与支持，才得以让本书顺利出版，未来我们仍然会携起手来，共同面对机遇和挑战。

中国科技咨询协会

序一　为中国咨询业画张“素描”

受中国科技咨询协会的委托，智囊机构负责《中国咨询业发展蓝皮书》一书的编写工作。老实说，相当有难度！

比如说，中国管理咨询公司的数量，就没有人能说得清楚，其生存状况，包括营业额、利润率及从业人员特征等都缺乏基础的统计支撑。与此同时，管理咨询产业发展方向、行业规范、从业标准还是一张白纸。加之市场竞争的不规范，导致咨询公司的生生死死几乎成了家常便饭……

困难是有的，但只要花工夫“沉下去”，还是能够为中国管理咨询业画张“素描”的。

新咨询渐露端倪

要想搞清楚中国管理咨询业的发展状况，首先就要对“管理咨询”的真正含义及产业的范畴进行界定，当然，我们研究的是“中国管理咨询业”，其间少不了中国的特色。

在国际上对管理咨询的界定几乎是有多少个咨询顾问就有多少个定义，每一个咨询顾问和咨询公司对他们的工作都有自己的看法。最近几年，咨询行业几乎成了一种包罗万象的职业（其中的原因当然有很多），因此，我们一厢情愿地给“咨询”下一个精确的定义是不可能的。然而，下面的3种界定总体上却可以概括出管理咨询行业的实际内涵：

针对有关的管理问题提供独立的建议和帮助。它一般包括确定和考察相关的问题及机会，推荐合适的行动方案，并且为所提出的建议提供帮助。

——英国管理咨询协会（MCA）

合格的独立人员或者人员小组为企业、公众组织或其他事业组织提供有关服务，确定和考察有关政策、组织和程序方法的问题，推荐适宜的行动方案，并且为所提出的建议提供帮助。

——英国管理咨询顾问学会

管理咨询是由经过特殊训练的合格人员向各种组织客观并且独立地提供以合同为基础的顾问服务，帮助客户组织确定和分析相关的问题，推荐解决这些问题的方案，并且在必要的时候为这些解决方案的实施提供帮助。

——L. Greiner 和 R. Metzger，《管理咨询》（1983）

在这 3 个全面的界定中，包含着 3 个重要的主题。

（1）提出问题并确定问题；

（2）提供并推荐解决方案；

（3）帮助解决方案的实施。

咨询的这 3 个重要的主题对咨询顾问所扮演的角色及所拥有的能力也提出了不同的要求。因此，在某些情况下咨询顾问可能会扮演良师的角色，在某些情况下咨询顾问可能会扮演创造者的角色，而在某些场合下咨询顾问实际上是一个领导。

咨询顾问还被称为“公司的医生”，这种称谓原本还是很恰当的，因为“管理顾问”这个术语本身就好像是源自医疗职业。“咨询顾问”这个词最初指的也就是那些您向他寻求建议的人士。后来就借此创造了“管理咨询顾问”这个称谓，也就是您所寻找的能够为您就有关商业管理提供咨询的人。

但这个“公司的医生”似乎还不够全面，尤其是从咨询的效果而言，光有“医”和“药”就能治好患者吗？医治的对象不相信、不认同，或认同了不按照既定方针去做，又是谁的责任呢？咨询的价值该如何体现呢？

佛在涅槃前给出家弟子的遗嘱——《佛遗教经》中言道：“我如良医，知病说药，服与不服，非医咎也。又如善导，导人善道，闻之不行，非导过也”。由此可见，咨询的过程及其价值，远不能止于“知病说药”，而是要确保咨询的效果，也就是需要打破传统咨询业的边界，成为“咨询＋赋能＋资源＋资本”一体化的服务模式。

换句话说，咨询业的核心竞争力绝不能孤立而言，也不是什么方法论和工具、模板，而是在于客户接受咨询之后所产生出的溢价。

咨询业，是一个完全“成人成己”的现代服务业。

然而在中国，情况并不那么简单。为商业管理提供咨询的人士，并不完全以咨询公司的面目出现。比如，不少企业都设有相对独立的研究机构，其间的许多专业人士都承担着所谓“咨询”的角色；再者，许多培训机构、调查公司、投资机构、券商及大专院校，甚至一些会计师事务所、认证机构等都承揽了相当数量的咨询业务。因此，如何界定中国管理咨询业的边界，也成为一个需要研讨的话题。

互联时代，人与人、人与物、物与物网状连接，促使世界日新月异飞速变化，也使管理的非确定性有增无减。外部环境的巨变给世界咨询业带来了新的挑战，也给了中国咨询业后发先至的机遇。同时，新技术迅猛发展，特别是网络化、移动通信、人工智能给社会带来翻天覆地的变化，也改变着人类生存环境。科技驱动产生的颠覆性变革越来越多，互联全球化使人类社会组织与组织、国家与国家、人与人的联系紧密度、碰撞密度、融合度越来越高。边界模糊被打破，固化愈发艰难，一切变得皆有可能。

变革与转型是历史的必然。转型的咨询应是什么样？转型根本是顺应社会化价值趋势与适应社会新空间的价值要求。

咨询业者的重塑在于价值参照系的重新选择与对标。这种参照系不是自圆其说，而是要以世界社会经济商业共同遵守的生产、技术、贸易、交流、规则与全过程合理性体系为参照系。人类社会经济发展的趋势更加尊重个体生命价值、尊重环境与自然、尊重常识规律与文明价值的共识。

为社会、为产业、为企业咨询，首先咨询业者自身要成为转型前沿的认知与觉悟者，方能承担起欲予鱼而授之以渔的责任。老树新枝，老枝新芽，这也许是咨询业与咨询业者在变革中涅槃与重生的一种形象描述。

新业态正在涌现

伴随着市场经济的起起伏伏，咨询行业在中国已经走过了 30 多个年头。在此过程中，咨询公司扮演着智囊角色，为企业建言献策、诊断纠偏，充当公司再造的引路人和辅导者，帮助企业突破发展瓶颈，实现跨越发展。

如果从咨询业务上对中国的管理咨询业进行梳理的话，我们还会看到这样一个清晰的脉络——

与 100 多年前管理咨询业的诞生情况相符，20 世纪 80 年代初政府开始创办咨询企业规模最大、业务量最多的当数“工程类咨询”，如中国国际工程咨询公司。

与此同时，改革开放的进程加速，中国企业开始大规模地引进先进技术和先进的设备，随之生产流程管理的加强被提到日程上来，有规模地抽调工厂的管理者，系统地学习相关的管理知识，进行管理咨询方法的培训，成为当时企业主管部门的一项主要工作。简化复杂制造工作、监督模式清晰化及提高生产率等，成为当时管理咨询工作的主要内容。堪称中国管理咨询的第一批来自生产一线的咨询顾问也由此产生。

进入20世纪90年代，市场经济的发展及供求关系的变化，使得分布广泛的消费者群体已经成型，广告和市场营销的重要性开始得到人们的重视。许多点子、策划类的公司开始涌现，“点子大王”“策划大师”成了管理咨询师的代名词。与此同时，跨国公司在国内的发展，让人们开始见识到了真正意义上的管理咨询。

20世纪90年代中期，随着现代企业制度建设在中国企业的全面推开，中国企业对于管理咨询的需求也开始更为全面。同时，麦肯锡、安盛等跨国咨询公司开始进入，中国管理咨询业开始与世界接轨。在随后的五六年里，西方的各种管理思想、管理方法及管理工具涌入中国，中国的管理者们开始热情地接受，中国的管理咨询人士开始痛苦地思考，中国管理咨询业开始转型。

进入21世纪，随着中国加入WTO，中国企业的竞争环境发生了巨大的变化，中国的企业必须考虑“创造价值”，一家企业只有能够比它的竞争对手付出更低的成本或者做得更加优秀，才能获得竞争优势。于是，企业的战略、流程再造、供应链管理、人力资源等都成了中国管理咨询业务的关键词。的确，当今的企业不仅要考察所有公司内部的生命系统，而且还要考察外部的关系，其中尤其至关重要的是考察企业同供应商及客户之间的关系。在这个时期里，中国管理咨询业开始走向“专业化”。

如果说当前存在某种因素在最大限度上改变了管理咨询活动的话，那么这种因素就是数字化。随着越来越多的以数字化为基础的咨询公司在咨询行业中占据统治地位，咨询行业的结构也在发生巨大的变化。

此外，企业的国际化经营发展也推动了一个全新的咨询市场的出现，即文化变革管理。事实已经证明，对拥有多种不同的制度、文化和产品的国际性公司进行管理是极其复杂的。而文化又有着强烈的本土性、民族性。于是，探求中国式管理及中国式的管理咨询之路，也就成了当前中国管理咨询业的一副重担。

随着技术发展，企业变革和新旧动能转换的需要，咨询机构也正在出现新业态，主要表现在以下 3 个方面。

——基于大数据智能的咨询服务机构快速发展，随着企业的数字化转型，近几年一批基于算法的一体化解决方案的公司为企业提供基于大数据的咨询服务。这部分新的咨询提供者成长速度很快。3 个类型的咨询服务机构推动了基于数据智能的决策咨询服务板块的崛起。

首先是拥有海量数据的互联网服务企业，在其规模数据和云计算算力基础上，并借助于在商业智能服务中训练出来的智能服务能力，转化用于政务与公共服务领域的问题发现与解决。

其次是专业的大数据或者人工智能技术机构，从某个垂直技术领域提供了发现问题与解决问题的平台或者技术产品，典型的如零点有数、清博数据等。

最后是数据智能类决策咨询板块，横向发展出了服务于多个不同专业政务与业务领域的垂直型专业服务机构，如智慧警务、智慧园区、智慧水利等；纵向则发展出了数据清洗、数据汇融与治理、数据处理与数据中台、数据算法与数据解决方案、全案数据服务等专业数据服务模块行业，这样构成的数据智能服务矩阵，展现出了新型决策咨询板块的全新风貌与能力体系。

——国家“双创”的提出，催生了“传统咨询 + 赋能 + 资源整合 + 投资”一体化的咨询模式，从理念的咨询到具体解决方案的提供，甚至帮助客户成为产业资源的整合者，从为客户想明白、到帮助客户说明白（咨询报告），发展到与客户一起干明白，这就是所谓的一体化解决方案。咨询顾问将这种咨询模式用于大企业创新，大企业的巨量资产既是市场上的实力，也是创新强大的屏障。咨询顾问们用精益创业的方法做创新有望成为大企业创新的突破口，全力孵化并帮助创业企业与大企业的创新相连接，在产业平台上实现共赢，也大幅提升创业企业的成功率。

——国内咨询业也呈现了由“品牌类”的提供一体化解决方案的咨询公司与细分专业类的工匠类型咨询团体甚至个人组成一种新型“生

态”，大家成为一种相互协作、联合创新的联盟组织（基于项目协作的松散组织）。这类咨询公司的运营模式是平台化运营的表现形式之一，是创新型企业或创新服务组织在新经济形态下的重要战略选择。咨询机构帮助企业构建创新生态为核心的企业平台化创新模式，从而可以让参与的其他企业开发互补的技术、产品与服务，形成产业创新生态系统，平台化正在影响着产业垂直分工格局，共享共生共荣的新产业生态。

“新赛道”已然开启

本书写作的后期，正是疫情蔓延之时，中国科技咨询协会紧急发起了咨询机构疫情期间提供免费咨询服务的倡议。我们智囊机构 THINK-TANK（全称：北京智囊维实企业管理有限公司）有幸成为第一批响应者！尽吾所能，全力以赴，为这场“战疫”出一分力！

在随后的一周里，我分别应三人行 HR 公益联盟、武汉战疫行动企业家社群、中国网 + + 和创新中国等机构的邀请，为包括武汉市企业家在内的上千名企业家在线分享了《非常时期，非常领导力》的公益课程，并在线与企业家们就疫情期间的领导力建设等问题进行了比较深入和坦诚的交流。在我看来，这次疫情虽然来势汹汹，但终将过去，而企业管理从根本上说，是对企业自己未来的管理。疫情期间，会逼创新创业者们对“商业本源及管理常识”进行思考与探索！疫情过后，只有加速“变革与创新”的步伐，才有可能在新一轮的竞争中胜利或涅槃重生！即只有那些正确认知危机并做出彻底改变的企业，才能转危为机，成为真正的强者。而在这个业务有些停顿的非常时期，也恰恰是提升组织能力的关键时期。只要我们下决心还想“活下去”，那就与其观望和抱怨，不如静下心来，强化组织能力的提升，以迎接业务上更大的挑战。当然，对于很多中小企业而言：坚持下去，是企业的责任！知难而退，是明智之举。领导力的建设也在于战略上的“选择”，并无“对错之分”。

应该说，越是非常时期，越是对企业领军人物的领导能力提出了前所未有的挑战，其中不仅仅包括领导者面对危机的应急能力，更是对未来企业走向的洞察能力、商业模式的分析能力、团队的凝聚能力甚至领导者的坚韧与自我激励能力的一种考验……从某种程度上讲，尤其是针对很多中小企业而言，企业的生死往往在于领导者的一念之间。

我们欣喜地看到，3 月 4 日，中共中央政治局常务委员会召开会议，会议强调，要选好投资项目，加强用地、用能、资金等政策配套，加快推进国家规划已明确的重大工程和基础设施建设。要加大公共卫生服务、应急物资保障领域投入，加快 5G 网络、数据中心等新型基础设施建设进度。要注重调动民间投资积极性。与传统基建相比，新型基础设施建设内涵更加丰富，涵盖范围更广，更能体现数字经济特征，能够更好地推动中国经济转型升级。

“四万亿投资计划”曾经在 2008 年、2009 年发挥了至关重要的作用，但在成功扩大我国内需的 10 余年间，全球范围内以科技力量为引领的数字经济正在迅速崛起，尤其在这场蔓延全球的肺炎疫情中，不论是国家层面鼓励运用大数据、人工智能、云计算等数字技术在疫情监测分析、防控救治、资源调配等方面更好地发挥支撑作用，还是社会层面广泛运用 5G 助力远程会诊、运用大数据技术支持复工复产等，都让我们深刻地意识到，科技力量正在逐渐成为疫情防控和经济复苏的“强兵利刃”，进一步大力发展数字经济，提高我国科技创新能力迫在眉睫。

“新基建”的关键不是投资，而是“创新”，是激发新一轮科技革命和产业变革中形成的经济社会发展新动力，包括新技术、新产业、新业态、新模式等。新旧动能最大的区别在于，由依靠要素和投资驱动转向依靠创新驱动，由高污染、高消耗的粗放型经济增长方式转向绿色环保的集约型增长方式。科技是第一生产力，是国家实力的关键……我想，这些大道理很多人都会讲，形成所谓的“共识”并不难！难的是“新的思维与新的行为习惯”很难一蹴而就，以往的“路径依赖”才是“新基建”实施过程最大的成本消耗！

逢山修路，遇水架桥，天堑变通途……尽管此次变革方兴未艾，是否撑起稳增长大旗还有待验证，但也改变不了当前中国亟须加速经济新旧动能转换的事实，利用“基建狂魔”优势加快数据中心、工业互联网等新型基础设施的建设进度，是应对当前我国传统基建趋于饱和，经济下行压力加大的势在必行之举，将大大优化我国产业布局、提升产业基础能力和产业链水平。

2020 年是我国“十三五”规划的收官之年，也是开启“十四五”规划和第二个百年发展计划的关键年。当前全球政治经济格局正面临百年未有之大变局，我们要全面认识我国发展环境面临的长期趋势性变化，一方面强调问题导向，解决“十三五”期间我国存在的周期性、结构性和体制性问题，缓解我国经济下行压力；另一方面要着眼于长期发展，以进一步深化市场化改革为核心，借助区域战略全面升级、需求侧和供给侧改革并举、做强科技创新、加大主动双向开放等一系列举措系统布局我国新一轮高质量发展。

2020 年 7 月 30 日，中共中央政治局召开会议。会议指出，当前经济形势仍然复杂严峻，不稳定性不确定性较大，我们遇到的很多问题是中长期的，必须从持久战的角度加以认识，加快形成以国内大循环为主体、国内国际双循环相互促进的新发展格局，建立疫情防控和经济社会发展工作中长期协调机制，坚持结构调整的战略方向，更多依靠科技创新，完善宏观调控跨周期设计和调节，实现稳增长和防风险长期均衡。

今年以来，突如其来的新冠肺炎疫情成为影响中国经济乃至世界经济的最大变量。疫情之下，原本正常的经济活动与人员往来受到诸多限制。对于每一个国家来说，生存与发展、经济与防疫、个体与集体、短期与长期的关系，都呈现新的特点、出现新的矛盾。

从内部看，当前中国经济正处在转变发展方式、优化经济结构、转换增长动力的攻关期，潜力足、韧性强、回旋空间大、政策工具多的基本特点没有变。同时，中国经济也面临着结构性、体制性、周期性问题相互交织所带来的困难和挑战。疫情的出现，加速了原有问题的暴露，对经济发展规模、速度、质量、结构、效益、安全的相互统一提出了更高要求。

从外部看，疫情令原本疲弱的世界经济“雪上加霜”。各国除了要深化传统宏观经济政策的协调，还要在疫情防控、复工复产、矛盾疏解等社会政策方面进行深度协调。协调的难度显著增大，摩擦与分歧难免增多。与此同时，国际交往受限、经济全球化遭遇逆流、保护主义和单边主义升温等不利局面接连出现，各国必须在不稳定不确定性明显增强的国际环境中谋求发展。

从发展机遇看，新一轮科技革命和产业变革方兴未艾，正在重构全球创新版图，重塑全球经济结构。谁牵住了科技创新这个牛鼻子，谁就能占领先机、赢得优势，把竞争和发展的主动权牢牢掌握在自己手中。在新形势下，咨询业者必须掌握未来趋势，用前瞻性的眼光去领悟新事物、新模式，挑战旧有理论和思维。未来趋势必然是非线性、跳跃式、多维、不确定和快速变化的，企业所面临的挑战也不再是过去的方法论和模块可以解决的。

最后，特别想向读者表达一下我们撰写本书的心愿以及它能为大家带来的价值：一是为企业，让更多的企业的管理者了解咨询业的发展历程以及趋势、特点和服务方式，方便他们选择更有价值的咨询服务；二是为政府，让政府各部门的领导者能够更熟悉咨询业的发展脉络，以便为咨询业的健康发展多营造健康、公平、公正的发展环境；三是为咨询业的从业人员，让他们更加了解咨询行业发展的过去、现在与未来，增强自身的职业化与专业化，并希望有更多的年青一代的精英人士参与到这个大有前途的职业中来；四是为合作伙伴，推动更多领域的专业人士参与到咨询业的发展与变革中来，咨询业本身就是一个“越开放、越成长”的行业，更是一个需要“终生学习”且“成人成己”的职业。如今新赛道已然开全新启，尽管市场和企业还有很多未知，对于咨询业来说，唯有拥抱变革才能赢得这场胜利。

智囊机构董事长　傅强

序二 咨询业为“中国之治”保驾护航

十九届四中全会重点讨论了“中国之治”，这引起了我的思考。我觉得讨论“中国之治”的整体就是在总结中国崛起的经验，而我们正是中国崛起的参与者，在这个过程中智库和咨询业的作用不可忽视。

作为一个从事咨询业几十年的“老兵”，在我看来，我们现在不是要去考虑咨询业怎么做，而应该是考虑中国取得全球引领的位置中怎么发挥咨询业的作用。从世界经济的发展角度来看，无论是英国崛起，抑或是美国崛起，最大的标志就是出现了一群引领世界的咨询公司，且在其各自的经济发展中起到了关键作用。如果说美国把工业经济带到了顶峰，那么中国能不能把新经济带上顶峰？这也是中国能不能崛起的关键，更是中国咨询公司能不能在其中起到作用的关键，更是实现“中国之治”的关键。

中国崛起中咨询业的作用

从中国40余年的改革历程中可以看出有三股力量在起作用：第一股力量是变革式的政府，没有改革开放的政府，中国不可能走到现在；第二股力量是创业者和企业家，创业者和企业家也是“中国之治”的重要组成部分；第三股力量就是我们的智库与咨询，因为咨询的工作就是考虑社会和经济该怎么发展，这份职业的要求就是要考虑如何出台规范文件、考虑土地如何合理规划、考虑城市如何健康发展，所以咨询业一定是“中国之治”中的重要力量。

在“中国之治”的大前提下，我越来越感觉到有种自豪感。如果中国能崛起，必定会伴随着咨询业的崛起。从全世界大国崛起的历史经验来看，基本上都有这样的规律：英国的崛起有一大批英国咨询公司随之引领世界，如伦敦国际战略研究所；美国的崛起有一大批美国的咨询公司引领世界，如麦肯锡与兰德；德国崛起也伴随着一大批德国咨询公司，如罗兰贝格。所以我认为中国崛起一定会涌现出一大批能够引领世界的中国咨询公司。我希望中国崛起，同时也希望中国的咨询公司、中国的智库能引领世界。

中国咨询业在发展新经济中的作用

当前中国的咨询市场三分天下：外资、国有和民营。以长城所的发展历程来看，我们参与过上市公司咨询、银行咨询、大国企咨询等，还全力参与过中国民生银行创建的整个策划过程，但是后来从这些领域退了出来。中国大国企、银行等垄断行业上市的咨询基本上被外资咨询公司瓜分。国有智库咨询业则主要是服务国家各部委。剩下的市场才是民营咨询业的。

民营咨询业在中国进入 21 世纪后刺激中国新经济发展的贡献是不可磨灭的。第一是创业咨询，中国的本土咨询公司在创业咨询方面都很活跃，而外资的咨询公司几乎不做这个。第二是区域咨询，这是本土咨询公司很重要的领域，高新区咨询非常能代表“中国之治”的特点，因为高新区的关键领导者是管委会，大部分高新区的管委会隶属于地方政府，但他们做的事其实和企业家差不多，是服务于社会经济发展。第三是 IT 咨询，中国出现了 BAT 以后，中国民营的 IT 咨询发挥了重要作用。

中国本土的民营咨询公司所从事的这 3 种咨询，也正代表了新经济的咨询。第一，创业咨询使中国的“双创”不知不觉走到了世界的前沿，我们的水平已经远远超过美国和欧洲。因为我们有一整套的方法和路线，能够将创业者培育成为独角兽。同时由于推动“双创”，民营咨询公司还得到了更多的市场，各个高新区、各地政府都对创业咨询给予了很多的支持。

第二，区域咨询代表了“中国之治”，是中国崛起的诀窍。中国崛起就是中关村、深圳、张江等一个又一个地区经济以20%～40%的速度实现快速增长。因此中国崛起最核心的诀窍就是区域咨询。区域也是民营咨询业发展的主要市场，同时在这个过程中，也不知不觉和“中国之治”高度融合在一起。为什么这么说呢？通过区域的发展，地方官员快速成长，丰富了自身基层的实战经验，有利于形成一整套的制度体系推动区域更加快速发展。在中国崛起过程中，它们起到的作用不同于传统的政府管理，而基本上与企业家差不多，是持续不断地改革的，也表明了“中国之治”的合理性。

第三，IT咨询实现了中国弯道超车。中国在IT咨询方面已然超越美国，其标志就是中国的BAT企业进行了去“IOE”运动，其中I就是IBM，O是Oracle，E是EMC。例如，中国如今的“双11”完全不会宕机，正是因为用了分布式，任何一个点不可能达到无限大，大到一定程度就会分点分拆。但是如果用IBM的大计算机肯定会宕机。由于这种发展模式，现在的中国IT已经很厉害了，而且中国在大数据方面的咨询也在引领全球。

中国咨询业面临的挑战与机遇

现在本土咨询公司正面临挑战。中国的发展之路和其他发达国家不一样，最大的不一样就是政府，尤其是地方政府在经济发展中的引领作用。现在有三大问题摆在中国政府眼前。第一，新旧动能怎么转换？第二，有没有可能全面发展？第三，怎样尽到大国责任？如何成为一个人类命运共同体的实践者？这些都要求我们咨询公司能够去创造自己的理论和方法论，要求我们去总结中国的经验和模式。

所以这既对我们的原创能力提出了挑战，同时也为中国咨询公司的升级带来了机遇。具体的发展路径：一是智库引领；二是数据驱动；三是咨询公司走向平台化和生态化。我认为西方的经济学主要是工业经济所衍生出来的经济学，现在中国要走一条独特的路，就一定要做新经济。现在的新经济发展从全球形势来看，中国和美国的独角兽数量最多，其他国家都很少。而为什么独角兽重要，因为新经济就是产业跨界，平台就是场景。

另外，新经济带来了很多观念和思维的变化。工业经济咨询更多的是思考战略和管理，新经济时代的关键点是创意、治理和管理。管理变成第三位了，而治理的地位上升了，公司任何创意的实现都跟治理有关，创意永远领先，围绕创意才能进行有效治理，最后才是管理。这种变化是根本的，所以也带来了有效的方法论。例如，长城所在 2015 年提出了“创意驱动三方法”，但是到 2017 年就过时了。后来我们又提出了“新经济三方法”：机会论、生态论和爆发成长论。曾经管理咨询的目标是帮助客户提高 10% 的成长，但是现在完全变了，现在是要帮助客户爆发性增长，最主要的事是怎么去抓机会、做生态、搞平台，才能实现爆发性增长。

如果说中国咨询业在改革开放的前 40 余年里只是默默耕耘，那么如今就要考虑如何收获了。世界形势变了，国家政策也开始重视本土咨询业的发展了，也就是说，要想中国发展得更健康，就要把本土咨询公司引进来。这个态势说明，中国咨询业要想办法带领中国崛起，走向世界和引领世界。这看起来很遥远，实际上不遥远，因为在新的逻辑之下，做智库也好，做本土咨询公司也罢，只有先走出这条路，才能决定中国是否可以崛起，我们要把核心数据和资金牢牢掌握在自己手中，要通过自身努力打破现有格局，实现“中国之治”的璀璨未来。

北京市长城企业战略研究所所长　王德禄

目 录

1

背景

原科技部部长徐冠华（右一）会见英国咨询专家

革故鼎新：中国咨询业迎来“关键时刻”

任何行业的发展都有一个黄金阶段，当前中国的管理咨询行业，正处于这样一个高速发展的风口。

2020年春节前后，迅速蔓延的疫情给所有的企业带来了巨大而意外的冲击，因此在“防疫战”中如何协助企业“活”下去，成为很多咨询人希望承担的社会责任。

中共中央总书记、国家主席、中央军委主席习近平在统筹推进新冠肺炎疫情防控和经济社会发展工作部署会议上特别指出，经济社会是一个动态循环系统，不能长时间停摆。在确保疫情防控到位的前提下，推动非疫情防控重点地区企事业单位复工复产，恢复生产生活秩序，关系到为疫情防控提供有力物质保障，关系到民生保障和社会稳定，关系到实现全年经济社会发展目标任务，关系到全面建成小康社会和完成“十三五”规划，关系到我国对外开放和世界经济稳定。

“在非常时期，用自己的专业能力为社会做出自己的贡献”，这是很多咨询人的心愿。如何在疫情期间让企业能够“续命”，甚至在疫情后“真正地转换发展动能”实现真正意义上的“涅槃重生”，是咨询业和所有企业必须共同面对的问题！为此，中国科技咨询协会在第一时间发起了为企业提供免费服务的倡议，其目的就是要与企业共渡难关。先后得到了全国102家会员和咨询机构的积极响应。帮助更多企业“活”下去，尽自己最大努力抗“疫情”，很多会员和咨询机构积极行动起来！

——用数据说话，用智能工具支持工作，“零点有数”在1月24日紧急成立了新冠状肺炎疫情的监测团队，基于公司的“重大灾害期间周期型公众心态与灾民需要监测模型”，对当前全国公众的心态和反应行为进行评价，并将监测结果通过内参形式呈报有关决策部门。

——在疫情蔓延之时，智囊机构（北京智囊维实企业管理有限公司）全体业务高管一起积极参与该项公益活动！尽吾所能，全力以赴，为这场“战疫”出一份力！在随后的一周里，智囊机构董事长傅强分别应三人行 HR 公益联盟、武汉战役行动企业家社群、中国网 + + 和创新中国等机构的邀请，为包括武汉市企业家在内的上千名企业家在线分享了《非常时期，非常领导力》的公益课程，并在线与企业家们就疫情期间的领导力建设等问题进行了深入和坦诚的交流。

——线上“微咨询”轻装上阵，守望相助，共战疫情，天津道特开通网上平台，为企业、地方政府和社会组织免费解决问题。该平台具有“微”诊断、“准”切因、“微”方案、“高”配置等特点——帮助企业实现“三不断两不愁”：不断销、不断供、不断资、不愁运、不愁人，江苏蓝鲸咨询有限公司提出了这样的自愿服务。

…………

中国科技咨询协会
CHINA CONSULTING ASSOCIATION

中国科技咨询协会关于疫情期间免费为
中国企业提供咨询服务倡议书

致所有中国企业：

思想不惧时间与空间的距离，疫情让我们暂停脚步审视生命，这是一场没有硝烟的战"疫"，尽管面对挑战但我们更加坚信，美好社会的构建需要智慧的思想和专业的力量。中国咨询人虽然不能像医疗机构那样冲在抗击“疫情”的第一线，但可以在经济领域帮助企业应对“疫情”所带来的各种困难。

在此，中国科技咨询协会联合会员单位和全国各大咨询机构共同向社会发布：**在“疫情”期间，免费为中国大、中、小型企业提供远程咨询服务。**

您的企业在此期间遇到任何经营上的问题，都可第一时间联系我们，我们将全力为您提供帮助，共渡难关。

回归本源

对于每个中国人来说，疫情无疑是一次千年难遇的思考机会！中国改革开放的节奏很快，无论企业界还是咨询业都在快速地奔跑……所以，此时的安静是顾问们难得的深度思考的时间……

对所有企业来说，就要思考在这么停摆的情形下，我们该做些什么，不是无事可做而是有很多事情要做。这个时候就是我们静下来思考“补短板”的时候。

全球都面临同样的不确定性，包括地震、洪水、疫情、战争等，管理风格也必然更加富有弹性，甚至要思考在市场增长骤停的前提下，如何保持生产力，抢占甚至开发新的市场，这是咨询顾问可以给客户提供的咨询内容，也是咨询公司本身要思考的课题。

正如当前应对疫情全国启动了“战时机制”，今年可能持续会有突发事件，考验我们社会与经济中的薄弱环节。这次疫情既是征兆也是预演，企业必须思考在这种“停摆”环境下如何生存。尽管“停摆”的时间不会太长，但带来的冲击是巨大的，打乱了我们稳定的预期。当前的疫情可能觉得是一个意外事件，但是我们放在一个更大的历史时空角度看，这也是我们发展到一定阶段必须面对的情形，巨大的人口流动必然带来了疫病的风险。比尔·盖茨在几年前的演讲中就预言了几天要发生的事，这说明这并不是一次意外或者稀有之事，而且未来还会发生此类事件。最后，物竞天择，从竞争中的角度看，任何一次的外部冲击，考验的都是竞争者的体质。正如SARS过后中国经济进入了一轮高速增长，今年的冲击一定会淘汰掉一些弱者，让强者更加强大。

从这个角度讲，今年更是考验企业智慧、实力和能力的时刻，不是消极防御，而是有所作为！人类经济发展过程中，每一次出现大的危机和问题，都孕育着新的产业机会。1929—1933经济大萧条面临需求问题，后来催生了无线电、合成材料等新兴制造业及文化创意产业迅猛发展。20世纪70年代石油危机面临能源问题，催生了产业结构重心向电子机械、节能家电转移。通信设备、计算机、航天航空、生物工程等一批高技术产业快速崛起，成为经济新的主导力量。20世纪90年代亚洲金融危机面临经济全球化问题，催生了互联网、软件业、通讯科技的高速发展。

企业管理从根本上说，是对企业自己未来的管理。疫情期间，会倒逼创新创业者们对“商业本源以及管理常识”的思考与探索！疫情过后，只有加速“变革与创新”的步伐，才有可能在新一轮的竞争中胜利或涅槃重生！即只有那些正确认知危机并做出彻底改变的企业，才能转危为机，成为真正的强者。而在这个业务有些停顿的非常时期，也恰恰是提升组织能力的关键时期。只要我们下决心还想“活下去”，那就与其观望和抱怨，不如静下心来，强化组织能力的提升，以迎接业务上更大的挑战。当然，对于很多中小企业而言：坚持下去，是企业的责任！知难而退，是明智之举。领导力的建设也在于战略上的“选择”，并无“对错之分”。

直面“被颠覆”

其实就在疫情期间，也就是春节前一天，当代最负盛名的管理学者之一、颠覆式创新理论之父、哈佛商学院教授克莱顿·克里斯滕森离开了这个世界。

“颠覆式创新”是最近10年最时髦的商业界词语之一：克里斯滕森论“颠覆”也论到了老东家的本行头上——管理咨询行业。几年前，他在老言论阵地《哈佛商业评论》上提出了传统管理咨询行业颠覆的思路，由于当代社会的信息对等导致的知识民主化，专业分工和信息技术发展导致服务过程模块化等趋势，传统面向大企业、隐秘精英式的咨询模式的价值在下降，咨询行业跨界竞争，基于资产的套装软件方案式服务、大数据分析服务等替代人工服务，面向中小企业的咨询服务价值凸显。

在他看来："不论什么行业都要进行不断地创新，才能有更强的竞争力。但咨询行业100多年来的商业模式基本没有变化，大概可以概括为，不透明性和灵活性让咨询业免于颠覆性创新的威胁。然而不可否认的是，传统咨询业也逐渐面临着颠覆。尽管我们无法确切预测咨询业颠覆的节奏，但我们非常肯定的是，有些传统机构将会被颠覆者打个措手不及。"

诚如其言，咨询行业面临着重新洗牌，产业集中度会大幅提高，咨询模式和赢利模式的创新是咨询行业面临的机会和挑战，机会和挑战并存。在这样一个不确定性的时代，我们面临的机会和挑战同时被放大了。

在这一轮经济周期，中国新的产业机遇到来了，未来的趋势一定是以互联网和去中心化为思想，以"平台+分布"为模式，以事业合伙人为机制，以产业生态为组织形态的供给侧集群与需求侧差异化偏好在细分领域的重新匹配。

新时代开启新咨询

进入2020年，"新基建"突然成为热词，近期更是多次出现在决策层的部署当中。3月4日，在中共中央政治局常务委员会会议上，决策层强调，要加快推进国家规划已明确的重大工程和基础设施建设，其中要加快5G网络、数据中心等新型基础设施建设进度。"新基建"成为舆论焦点，显然也反映出了"后疫情"时期中国经济变化的新趋势。

"新基建"全称为"新型基础设施建设"，主要投资领域包括5G网络、数据中心、工业互联网、人工智能、轨道交通等。

“新基建”主要投资领域及应用

	领域	应用
	5G 基建	工业互联网、车联网、物联网、企业上云、人工智能、远程医疗等
“新基建”	特高压	电力等能源行业
	城际高速铁路和城际轨道交通	交通行业
	新能源汽车充电桩	新能源汽车
	大数据中心	金融领域、安防领域、能源领域、业务领域及个人生活的方方面面（包括出行、购物、运动、理财等）
	人工智能	智能家居
		服务机器人
		移动设备/UAV
		自动驾驶
		其他行业应用：家居、金融、安防、医疗、企业服务、教育、客服、视频/娱乐、零售/电商、建筑、法律、新闻资讯、招聘
	工业互联网	企业内的智能化生产、企业与企业之间的网络化协同、企业和用户的个性化定制、企业与产品的服务化延伸

实际上，“新基建”并非新词，早在 2018 年 12 月召开的中央经济工作会议上，中央就已明确提出“加快 5G 商用步伐，加强人工智能、工业互联网、物联网等新型基础设施建设”。此后，在 2019 年的政府工作报告中，亦曾有“加强新一代信息基础设施建设”的类似表述。

而近期“新基建”进程突然提速，既有决策层面向长远布局的深思熟虑，不得不说也与推动疫情后经济复苏的现实考量直接相关。

新冠肺炎疫情对 2020 年的中国经济社会来说，可谓一只巨大的“黑天鹅”，居民隔离，工厂停工，为国民经济摁下“暂停键”。随着疫情向好，尽快复工复产，把被抑制、被冻结的经济活力释放出来，成为当务之急。

在这样的大背景下，推动“三驾马车”——消费、出口和投资以复苏经济成为重任。而在投资领域，基建投资往往能起到意想不到的作用。历史地看，大规模基建投资也是在短期内扩大需求、稳增长、稳就业的最重要方法之一，是提升逆周期调节力度的主要抓手。

而“新基建”就是一项基础设施，投建过程中有助于扩大需求、提供就业，对经济社会的拉动效果明显，而一旦建成，则可能大幅提升国民经济生产效率，助中国实现经济稳增长。

不过，强调“新基建”的价值，更应着眼未来。一方面，5G、数据中心、工业互联网等领域具有超前性，投资“新基建”，实际上是投资未来的中国基础设施建设，服务长远；另一方面，“新基建”是围绕科技这一经济新硬核掀起的基础建设浪潮，其服务于中国经济的转型升级换轨，可以为中国经济转型升级注入强大“数字动力”，根本上有利于我国经济换挡升级，打造世界经济的“中国时间”。

从发展改革委针对新基建的范围来看，主要就是3个方面。

一是信息基础设施。主要是指基于新一代信息技术演化生成的基础设施，比如，以5G、物联网、工业互联网、卫星互联网为代表的通信网络基础设施，以人工智能、云计算、区块链等为代表的新技术基础设施，以数据中心、智能计算中心为代表的算力基础设施等。

二是融合基础设施。主要是指深度应用互联网、大数据、人工智能等技术，支撑传统基础设施转型升级，进而形成的融合基础设施，比如，智能交通基础设施、智慧能源基础设施等。

三是创新基础设施。主要是指支撑科学研究、技术开发、产品研制的具有公益属性的基础设施，如重大科技基础设施、科教基础设施、产业技术创新基础设施等。

在西泽研究院院长赵建看来，制度建设才是中国最需要的“新基建”。40余年的改革开放成就已经证明，从根本上推动中国经济发展的并不是那些钢筋混凝土基础设施，而是能带来预期稳定（人心）和激发要素积极性的市场经济制度和文化。所以，先进的制度和文化，才是国家长期积累沉淀，能有效抵御各种重大风险的核心资产。在当前财政资源极度稀缺的情况下，新基建必须转换思路，把重点重新放到“放水养鱼”

的改革初心上。一方面，不能走大兴土木、房地产化的基建老路；另一方面，需要更加重视法律、法治和体制等基础设施，重述“一百年不动摇”的中国特色契约精神，让民间投资更有信心，通过法律法治的可置信承诺，让企业家成为“新基建”的主导。因为那些高新技术含量极高的产业和项目，只有预算硬约束、具备专业和职业精神的企业家才能做到。政府官员在其中的作用，应该也回到改革开放初期的“古典政府精神”上：减税降租、消除制度体制堵点、构建体制上的“高速公路”，降低社会交易成本，为市场和企业家主导“新基建”保驾护航。

新型基础设施建设的意义

（资料来源：恒大研究院、前瞻产业研究院整理）

这次疫情之后，中国经济将开启在线模式，在线教育、远程办公等新经济一夜崛起，与此同时，智慧城市在加速，新兴产业在加速，转型升级在加速……这些都对新基建有强烈的需求。

新基建，吹响时代新潮号角。新基建，点亮中国经济未来。放眼中国，要推进和落实新基建，需要这样的咨询公司。

它，应该具有从咨询规划开始，涵盖新基建全生命周期服务能力；它，应该具备全国布局、本地服务的深厚积淀；它，应该拥有“跨平台、跨连接、跨应用、跨区域、跨厂商”的雄厚实力和开放胸怀。

任何行业的发展都有一个黄金阶段，当前中国的管理咨询行业，正处于这样一个高速发展的风口。然而，中国的管理咨询机构，肩负着为企业提供怎样优质的管理咨询服务、引导企业树立怎样的方向呢？

从 GDP 总量来看，中国早已成为世界第二大经济体，中国制造与中国模式造就了中国经济的奇迹。然而，没有人思考另外一个问题：中国的咨询公司何时能超越日本的电通公司，何时能出现一个全球第二的咨询公司？

如果中国能崛起，必定伴随着咨询业的崛起。从全世界大国崛起来看基本上都有这样的规律，英国的崛起有一大批英国咨询公司随之引领世界，比如伦敦国际战略研究所；德国崛起也伴随着一大批德国咨询公司，比如罗兰贝格；美国的崛起有一大批美国的咨询公司引领世界，比如麦肯锡与兰德。

现在本土咨询公司正面临挑战。中国的发展之路和其他发达国家不一样，最大的不一样就是政府，尤其是地方政府在经济发展中的引领作用。现在有三大问题摆在中国眼前。第一，新旧动能怎么转换？第二，有没有可能全面发展？第三，怎样尽到大国责任？如何成为一个人类命运共同体的实践者？这些都要求我们的智库和咨询公司能够去创造自己的理论和方法论，要求我们去总结中国的经验和模式。

在全球市场低迷的今天，中国正在经历着从量变到质变的过程。在商业方面，过往中国依赖于学习发达国家的经验，跟随他们的发展步伐学习发展自己。而现在正在改变，中国在诸多领域已经开始走自己的路，这里正在诞生新技术、新商业模式，并孕育新一轮的全球领军者。这既是激动人心的时刻，亦是动荡不安、群雄逐鹿的时代，中国企业的“不安定感”敦促他们寻求应对挑战和驾驭变化的解决方案。无论公司的规模大小，所有的企业现在似乎都明白了一点——如果无法适应数字时代的快速变化，他们下一秒就有可能成为别人成功的垫脚石。

时间进入 2020 年，我们就面临来自国际和国内的“突发事件”的冲击。今天立春，是庚子鼠年的真正开始。庚即更，更新之意，五行为金，主变革；子，十二生肖之首，表示新的一轮开始。民间就有“庚子大坎”“庚子轮回”的说法，如果沿用过去的思维，今年就是一个大坎；如果勇于变革拥抱“新秩序”，今年就是一个新的开始。

新基建、新治理，咨询业不会在新公共施政中缺席

中国科技咨询协会秘书长　璐羽

当前全球疫情尚在发展中，中国全社会的“战疫”行动不仅在于要继续做好疫情防控工作，而且还要推动经济增长能力的恢复，保障民生质量。正如中国科技咨询协会的咨询专家们在最近协会组织的首期线上分享中所指出的那样，中国社会“战疫”胜利的标志，将表现在克服当前疫情巨大挑战的同时，经济社会依然拥有强大的前进动力，并且得益于前瞻性的新基建投资，激发中国市场的内在新消费动能和实现建设全面小康社会的坚定共识，使得中国社会的经济面貌和国家治理能力站上新的高点。这将意味着在公共投入、公共动员、公共服务和公共管理的创新优化方面的一系列新努力。在这些努力中，中国咨询行业应透过服务于新投资计划的落地、参与规划和细化后续投资与市场跟进行动、用好数据技术对于重要行动决策的支持与成效评估、参与塑造新型的一体化高效管理模式，从而既更好地发挥行业专业价值，又在其中获得强有力的发展契机。

新基建的关键领域包括了5G基站建设、特高压、城际高铁与城际轨道交通、新能源汽车充电桩、大数据中心、人工智能与工业互联网，其着眼点将重点构建运用新技术推进城市群的一体化建设、运用新一代信息数据技术推动产业运营、城市运营、社会治理的高质量发展。因此新基建的战略视野是基于前瞻新技术，着眼建设培植新能力，用新能力解决新问题，用新能力解决老问题，用多种能力结合解决复杂问题。因此新基建本身需要有技术含量的咨询服务支持，新基建基础上的产业发展、运行内容、服务形态和大量决策行为都需要更多的有技术含量的咨询服务工作，因此我们看到了咨询界尤其是在更高科技含量支持下的创

新咨询服务的发展机会、成长压力和跃升空间。中国科技咨询协会、协会会员和咨询行业的全体同仁，要当仁不让地参与进去、找到深入服务的切入点、找到新的业务提升的关键领域。

中国特色的社会主义市场经济蓬勃发展，使得无论在传统产业还是创新技术领域存在大量市场化主体，为咨询行业的发展提供了强有力的市场需求。与此同时，前瞻性的社会经济科技规划与富于进取的公共服务目标，构成了中国公共管理体制的特色——用动态海量数据理解民生与社会需要、用更透明的过程管理确保行政管理质量、用更可衡量的成效来体现施政绩效、用更为一体化的系统模式来进行施政目标管理。十九届四中全会公报强调了“健全决策机制，加强重大决策的调查研究、科学论证、风险评估，强化决策执行、评估、监督”。习近平总书记也强调要把大数据、云计算、人工智能、区块链等现代科技与社会治理深度融合，提升社会整体的治理效能。

从最近几年中国政府的服务性采购需求中，我们可以看到，以第三方评估和数据智能分析服务为主，也包括了动态监测、摸底调研、产业统计、可行性论证、公共数据治理、专业行政数据管理系统建设与数据分析垂直应用、智慧城市营运中的数据智能服务等服务项目，既有各自的成长，又呈现交叠组合的趋向，它们所共同构成的公共咨询类服务总体呈现出可观的规模增长。中国科技咨询协会通过对中国政府采购网上公开招标信息的初步汇总估算，2018 年公布了具体采购额的政府服务性项目约为 5000 亿元，其中公共咨询类服务的采购额度约为 120 亿元，比 2017 年的公共咨询类服务采购额度增加了 67%。把这个占比当成一个有推断价值的抽样结果，那么就可以推算出在 2018 年的 12 000 亿元的整体政府服务性采购额中，公共咨询类服务的采购额接近 300 亿元。假设政府对于公共咨询类服务的年度采购增长率不变，则 2019 年的公共咨询类服务采购额会接近 500 亿元。随着国家治理能力现代化建设的推进，随着新基建的展开与成果落地，公共部门必然期待更高质量更大规模的公共咨询类服务的创新供应。

问题在于，我们准备好了么？或者说我们认真准备了么？中国科技咨询协会的创立得益于软科学的倡导，同时得益于在改革开放和中国社会经济整体进步过程中所勃发的各类市场和行政主体的日新月异的服务需要，因此才见证了今天如此丰富多彩的咨询业务类型与服务主体在中国的诞生。但在新基建、新治理的背景下，更新一代的互联网技术、物联网技术、数据智能技术、环境能源技术、生物医药技术、交通工程技术的发展，将同时得力于市场拉力和政策推力综合作用，新公共咨询服务将需要更多地增加新技术理解与新技术连接能力，更加广泛地吸纳新技术人才，发展出适合新时代需要的咨询服务能力，既能服务于不同层级的综合性决策支持，也在众多垂直细分领域助力解决深度专门的特定问题。

着眼于做好新公共咨询服务工作，我们咨询业界需要充分了解与模范遵守政府采购规范，共同制定公共咨询服务守则并参与制定与众多专业公共管理领域匹配的专业服务准则，推动在公共管理系统内外、学术科研圈内外、不同所有制类型的咨询机构与团队间发展公开公平的良性竞争合作，持续提升服务能力，开发与巩固独特的核心竞争力，共同营造受客户与社会尊敬的专业服务生态圈。

2

历史

原科技部秘书长、中国科技咨询协会第一届理事长石定寰（左一）
在国际会议上与外国专家交谈

追赶学习：中国咨询业的前世今生

20年走了人家100年的路。于是，也就出现了当今中国管理咨询业的现状——一个跌跌撞撞往前跑的本地孩子与稳步走来的跨国巨人站在了同一起跑线上。

咨询一词最早出自《诗经》："载驰载驱，周爰咨询。"其中咨询的含义和现代咨询业非常相近。

战国时期，作为参谋的"食客""门客""智囊""善士"等就是最早的咨询人员。《战国策·齐策三》中就有这样的记载，"夫鸟同翼者而聚居，兽同足者而俱行。今求柴胡、桔梗于沮泽，则累世不得一焉。及之睾黍、梁父之阴，则郄车而载耳。夫物各有畴，今髡贤者之畴也"。

国际管理咨询协会将管理咨询定义为"具有资格的独立人员为企业界以及其他单位提供的服务，包括：识别和调查涉及政策、组织、程序和方法等方面的问题，提供适当的行动建议，并帮助建议的实施"。管理咨询业的蓬勃发展是产业分工深化和科学技术进步的结果，也是现代社会信息化和知识化的必然产物。一个国家和地区管理咨询业的发展程度通常与其经济增长呈正相关关系。美国管理咨询业始终扮演着领袖角色，是与美国长期高度发达的经济分不开的。

中国自改革开放以来，社会发生很大变化，国民经济持续保持高速增长，特别是1992年市场经济地位的确立和2001年中国正式加入WTO，使得中国企业用短短十来年的时间，从计划经济迈进市场经济，在对市场规律还不太熟悉的情况之下，又迎来了全球化的竞争。面对瞬息万变的市场环境，中国企业比任何时候都需要管理咨询。正是在这种强烈的市场需求之下，中国管理咨询业应运而生。

中国咨询业发展历程

从产业角度讲，我国咨询业是改革开放后发展起来的，第一家在工商部门注册的咨询机构始于 1981 年，从注册数量上经历了两次高峰：第一次 1988 年，科技体制改革方案出台，第二次 1993 年，我国促进第三产业发展方案出台，而后咨询逐步进入注册平稳期。在注册的机构中，真正从事咨询服务的机构不足 10%。

从历史上追溯，咨询业的发展源于欧美，它是伴随第一次工业革命发展起来的，距今有 100 多年的历史。中国的咨询业是在新经济环境中成长起来的。从根本上来讲，管理咨询的发源地是英、美。咨询行业是 19 世纪后期和 20 世纪早期的美国先驱以及 20 世纪 20 年代之后的英国管理思想家和商人建立起来的。

第一代管理咨询顾问于 1870—1914 年诞生于美国，当时他们所扮演的主要角色是帮助制造企业提高生产率和效率。他们尤其活跃的领域是美国西北部的钢铁工程公司。当时，人们并没有把他们叫作管理咨询顾问，实际上谁也不知道管理咨询顾问的真正含义；相反人们把他们称作“工业工程师”。人们把他们看作时间和动作研究者，一直到 20 世纪 60 年代对他们的这种占统治地位的看法才有所改变。

所谓专业的管理咨询公司出现于 1926 年，一位芝加哥大学教授创建了一家以自己名字命名的咨询公司，它的出现标志着管理咨询业的诞生，他就是 Mckinsy，当时谁也没有想到它会成为大名鼎鼎的麦肯锡管理咨询公司。

中国的管理咨询业尽管起步于 20 世纪 80 年代初，但其发展轨迹与国际管理咨询业几乎同出一辙，只是 20 多年来的发展速度可为“神速”，也就是人们常说的——20 年走了人家 100 年的路。于是，也就出现了当今中国管理咨询业的现状——一个跌跌撞撞往前跑的本地孩子与稳步走来的跨国巨人站在了同一起跑线上。

在这20多年的时间里，中国的管理咨询业首先经历了两个重大的转变。

一是咨询主体的转变，主要体现在咨询企业所有制性质的转变。20世纪80年代初政府开始创办咨询企业。咨询业作为新兴事物在政府的强力推动之下得到迅猛的发展，各种类型的咨询公司如雨后春笋蓬勃发展起来，非国有咨询企业得到了迅速的发展。与此同时国外著名的咨询公司也开始进入我国的咨询市场。麦肯锡咨询公司随着他们的客户首先进入上海，进而转向北京。

二是咨询内容的转变。从最初的信息咨询为主发展为全面管理咨询进发。20世纪90年代初开始出现外资和民营的信息咨询、市场调查公司，管理咨询公司。20世纪90年代中期随着国外咨询公司进入，中国咨询公司才进入全面管理咨询阶段，主要客户为民营和外资企业。随着国内咨询公司的成长，依靠提供点子经营的初级咨询企业逐渐消失，取而代之的是提供真正咨询服务。例如，战略管理、财务管理、资产运作、CI策划、营销管理，以及客户的业务整合和兼并等。

中国咨询业发展近40年来，经历了3次转变。

第一阶段：启蒙阶段（1981—1991年）

20世纪80年代初，中国刚刚开始改革开放，几乎所有领域都还处于如何认识改革的问题，经济领域是国有企业一统天下，计划体制仍然居主导控制地位。对企业管理咨询这一新事物、新行业如何发展，从主管部门到企业并不十分清楚，如管理咨询如何与企业结合，在计划经济体制下开展什么样的咨询业务等，都需要进一步的探讨和研究。

在原国家经委倡导下，中国企业管理协会及其地方和行业分支协会对于催生中国首批外部管理顾问起到了先锋作用。根据一个政府间双边协议，中国企业管理协会自1980年起每年选送20名专业人员到日本进行为期3个月的管理咨询培训，一直持续数年。同时，还连续8次邀请来自日本生产力本部、中部产业联盟、日本能率协会等组织的资深管理顾问团来中国交流讲学，举办为期 1 ~3 个月的管理咨询培训班，以及与中国同行一起为企业提供管理诊断。自 1981 年起，中国企业管理协会及其地方和行业分支协会还先后成立了提供企业诊断服务的咨询部，并逐渐演变发展成一个公共部门，其中包含各种名称和法律构成形式的、庞大的管理咨询组织和人员网络。

在这个时期，中国基本没有专业的管理咨询人才，大部分从业人员是没有经过系统的管理和咨询专业培训，但具有丰富实践经验的中高级管理人员。为了让咨询从业人员尽快认识并掌握企业管理咨询的理论与方法，中国企业管理协会提出在学习国外管理咨询的理论、方法、技术手段、运作模式的基础上，探索适合中国企业情况的管理咨询理论与方法。在这种思想的指导之下，中国企业管理协会推出了一批适合当时情况的管理咨询培训材料，对管理咨询基本知识的普及起到了很大的作用。

在 20 世纪 90 年代以前，真正以管理公司形态存在并从事管理咨询业务的咨询机构并不多，而且大多数是由具一定行政职能的省、市级企业管理协会兴办。1984 年，中国企业联合会管理咨询委员会成立。成立以来，中国企业联合会管理咨询委员会就一直致力于推进各地管理咨询行业的组织建设工作，先后组织、协调各省市企业联合会、企业家协会及全国性行业协会分别成立了 56 家地方管理咨询委员会。客观地说，这些行动对管理咨询行业的早期发展起到了良好的推动作用，推广了管理咨询的一些理论、方法和技术，为本行业的社会化发展储备了一定的人才和知识。20 世纪 90 年代初，随着计划经济体制逐步向社会主义市场经济体制过渡，对管理咨询的市场需求也日益增加，成为拉动中国管理咨询业发展的又一重要力量。

20 世纪 80 年代初，全国科协系统为了落实中央提出的经济建设必须依靠科学技术，科学技术必须面向经济主战场，促进科学技术有效转化为现实生产力，促进管理向现代化迈进，组织科技人员开展了大量的咨询工作。例如，上海市科协系统早在1982—1983年，据不完全统计，完成咨询项目共4000多项，内容涉及决策咨询、管理咨询、技术咨询、人才培养、课题攻关、产品开发等，主要服务于重点工程建设、广大中小企业和政府决策。1984年全国科协系统在北京香山组织了“全国科协系统第一期咨询干部业务培训班”，78名学员参加了为期20天的培训。

1988年，国家科技体制改革方案出台，一批科技人员愿意走出象牙塔为我国企业提供咨询服务，当年在工商部门等注册成立咨询机构出现第一个峰值。

1989年年底，在国家工商局注册的咨询机构达3.3万家，从业人员69.5万人，注册资金82亿多元。

从1991年开始，教育部就批准在全国9所高校启动以培育较高层次的专业经理人员为目标的MBA项目，并很快推广到56所高校的工商管理学院；此后，教育部在修订后的学科、专业目录中将管理学增设为一个大类，下设5个一级学科，正式突出了管理学科、专业再教育、科研和实务应用领域的地位。

中国MBA发展历程

MBA是（Master of Business Administration）的英文缩写，中文称工商管理硕士。

MBA是市场经济的产物，培养的是高质量、处于领导地位的职业工商管理人才，使他们掌握生产、财务、金融、营销、经济法规、国际商务等多学科知识和管理技能，有战略规划的眼光和敏锐洞察力。MBA注重复合型、综合型人才的培养，要求能力培养重于知识传授。它教授的是面对实战的“管理”，而不是注重研究的“管理学”。

MBA教育起源于美国。一般认为，美国最早的管理学院是1881年在美国宾西法尼亚大学设立的沃顿经济金融学院，而工商管理硕士项目要晚些，大约于1908年诞生于哈佛大学商学院，到现在已经有近110

年的历史。

目前全世界每年有数以万计的 MBA 毕业于世界各大学商学院，成为出类拔萃的工商管理人才，领导着世界各国企业在世界商场中逐鹿。管理教育在刚刚起步的时候主要是强调气度和性格的陶冶，而非实际专业知识，显得曲高和寡，一时没有获得工商企业界的热烈反响。

跟欧美相比，中国的 MBA 教育起步很晚，是改革开放的产物。20 世纪 80 年代开始学习和引进美国的 MBA 教育，在 1988 年，来自清华大学、中国人民大学、南开大学、天津大学、西安交通大学和上海财经大学的院长、教授与教育部、学位办的领导在清华大学开了为期两天的会，讨论在我国开展 MBA 教育的必要性、可行性以及相关政策。

1990 年，国务院学位办正式批准设立 MBA 学位并试办 MBA 教育。1991 年，国务院学位办批准 9 所国内高校开展 MBA 教育试点工作，此后，中国内地陆续批准了更多的院校为 MBA 教育培养单位。目前体制内共计 229 所院校开设 MBA 项目，项目总数超过 500 个。

1994 年 10 月，全国 MBA 教学指导委员会正式成立。1997 年，在国家经贸委的支持下，中国开始了面向国有大中型企业管理人员的在职 MBA 学位招生，并实施了 MBA 入学全国联考。

2015 年，取消了在职人员攻读 MBA 入学考试（即 10 月联考），纳入 MBA 全国联考（1 月联考）；2016 年，取消了 EMBA 自主招生，纳入 MBA 全国联考；同年，明确规定了全日制和非全日制 MBA 均可获得学历学位证。

我国的 MBA 教育以中欧、清华、北大、人大、复旦等为代表的一流商学院的 MBA 项目生源较为充足，其他高校商学院或多或少需要通过调剂来满足其招生计划，此外还有处于刚刚起步阶段的 MBA 院校，主要是靠行业特色和地域优势来吸引生源。

目前全世界每年有数以万计的 MBA 毕业于世界各大学商学院，成为出类拔萃的工商管理人才，领导着全球各国企业在世界商场中逐鹿。我国过去 20 年经济高速发展，管理学科的教育水平并没有得到及时发展，优秀管理人才日益稀缺；我国研究生教育的重心今后也将从过去“以学术为主”转向“以应用为主”，专业学位教育将迎来发展的春天。近年来，我国也引进了诸多欧美商学院的MBA（EMBA）项目，紧密结合国内市场需求，提供前沿的国际课程与理念，而且不用参加联考，为在职人员提供了新的学习选择。

尽管MBA是一个有着百年历史的“老古董”，作为我国最早的专业学位，MBA教育市场的繁荣还并未到来。

因为相比美国3亿人口每年培养近10万名MBA毕业生，中国每年MBA毕业生大概只有3万（也在稳步增长中）。作为世界第二大经济体，高级管理人才的缺口还相当的大，中国MBA教育事业的发展，任重而道远。

1991年年底，原国家科委召开了咨询业发展国际论坛，30多个国家的代表参加。

第二阶段：独立市场培育阶段（1992—2014年）

咨询公司能独立运营，为企业提供智力服务（能有活干，也要用数据说话）。

由于中国经济的快速发展和政府在行业准入上的开禁，从1992年开始，出现外资公司入驻中国的高潮。如，财政部对会计行业开禁，出现了安达信-华强（1992）、毕马威-华振（1993）这样的合资会计师事务所，他们同时也提供管理咨询，后来又出现了外国独资的管理咨询公司，如上海（1993）和北京（1994）的安盛公司。外资管理咨询公司的出现改变了中国管理咨询的行业结构，他们以规范化的市场运作和专业的咨询技能给本土公司起到了很好的示范效应；同时，中国媒体对这些外资公司的关注又在一定程度上提升了管理咨询在公众和潜在客户中的认知和影响力。这些对中国管理咨询市场的培育和中国管理咨询行业的发展起到了很好的推动作用。

麦肯锡往事

1993 年，麦肯锡在上海外滩租下一间仅有两张桌子和一部固定电话的办公室，作为在中国大陆设立的首个办事处。当他们的第一位中国咨询顾问出去跑业务时，却经历了诸多啼笑皆非的体验。

比如客户经常询问麦肯锡究竟“卖（麦）什么”，或者麦肯锡到底是不是麦当劳的子公司。

当时席卷大陆的市场经济浪潮正日渐升温，但社会上下对咨询公司还没有概念，几乎所有机关单位、国企和民企都不知道麦肯锡是干什么的。

从 1996 年服务第一家中国公司起，麦肯锡开始大规模服务中国国有企业。他们相继为平安保险、中国人寿设计了与国际接轨的公司治理结构、销售业绩提升和薪酬体系。这些在 20 年后的中国当然不算什么，但在当时，面对先进的国际公司管理知识和经验，所有中国企业都有些开天眼的意味。

1998 年实达集团与麦肯锡签署协议，花费 300 万元请这个全球著名的管理咨询企业对实达集团的营销及销售体系做出评价，并针对集团的硬件产业设计一个面对新世纪、向国际化公司运行机制靠拢的市场营销及销售组织体系。像实达集团这样花费重金援请国际“外脑”进行企业咨询的做法，在当时国内 IT 界还是首次。

后来在执行麦肯锡咨询方案的过程中，困难重重。新方案要求实达由个人权力式管理方式向程序化管理方式转变，与公司原有的管理方式和决策管理层有根本性冲突。实达也发现管理过程中协调步骤的增加和无休止的会议，反而降低了公司的沟通效率，致使营销系统的运营效率不升反降。1999 年 5 月，实达集团难以继续承受销售下滑的压力，被迫返回原有的管理、营销体系，麦肯锡在实达的咨询方案宣告失败。

“麦肯锡兵败实达”的案例，虽然对于管理咨询行业的形象是负面的，但着实让管理咨询行业在社会大众面前大大提高了知晓度。此次事件掀起了各方对于管理咨询公司是否有作用的热议，所持态度褒贬不一。

随着20世纪90年代我国经济向市场化方向发展，一批外资和国内私营“信息咨询”公司和“市场调查”公司开始在市场经济进程中涌现，并为企业提供规范化的咨询服务。早期对信息咨询业的需求主要来自外资企业和部分合资企业。经过五年左右时间的发展，一部分按市场规律运作的信息咨询公司脱颖而出，如“零点调查”“盖洛普（中国）咨询”“华南国际市场研究”“慧聪信息”等。这些信息咨询与市场调查公司以其高质量的专业化服务赢得市场，并在竞争中站稳了脚跟。

1992年国家科委在中国第一次举办了世界咨询研讨会，100多个国家代表出席，并在世界银行的支持下，开展了我国咨询业发展的摸底调查，并提出用综合管理方式促进我国咨询业的发展。

1992年11月6日，全国加快第三产业发展工作会议召开，国务院副总理兼国家计划委员会主任在会上做了《认真贯彻党的十四大精神 加快第三产业的兴起和发展》的报告。同年为了落实国务院关于发展第三产业的精神，经叔平、季崇威、李京文、傅家骥等著名专家向原国家科委提出成立“中国咨询业联合会的倡议”。

1994年原国家科委政策法规司根据当时国务委员国家科委主任宋健同志的重要批示：新形势下科技界面临的一项重要任务，是大力发展咨询产业。对我国咨询业的发展做了较为深入的调研，并在北京、天津、上海和江苏省三市一省做促进咨询产业发展的试点工作，按照“大力扶持、积极引导、按市场机制运行、向国际规范靠拢”的原则，先行先试。

1995年，国家科委发布了《关于推动我国科技咨询业发展的若干意见》（国科发政字〔1995〕266号）。1996年国家科委将咨询试点工作扩大到12个省（市）。1997年，中共十五大强调“推进决策科学化、民主化及建立相应机制的重要性”。1998年国务院实施第二次机构改革，其中一项重要的内容就是政企分开，为企业咨询需求奠定基础。

1999年，十五届三中全会以充分肯定的语气把管理咨询等专业服务写进了中央文件，同年亚洲开发银行援助科技部开展《中国政府选聘咨询机构（顾问）规则指南》。2000年，国务院正式发文要求国有企业，尤其是大中型企业要做好战略规划工作，建立现代企业制度，为咨询发展开拓了市场空间。2002年，科技部以法规形式发布了《关于大力发展科技中介机构的意见》（国科发政字〔2002〕488号），要求发展包括管理咨询在内的专业服务组织及其行业协会。

1999年，教育部又正式启动了以培养公共部门专业经理人员为目标的MPA项目。同时，咨询教育在一些大学中以课程的形式出现。管理学地位的提升和管理咨询教育的课程化一方面极大地提高了管理咨询从业人员的专业化素质，同时这些受过正规管理教育的学生走向管理岗位后，将成为管理咨询业务的潜在需求者。

2003年，中国科技咨询协会成立，在国家民政部正式注册。其发展宗旨为协助会员不断提升其服务能力，确保为客户提供高水平的服务。其使命为维护职业行为准则，树立本行业在公众的社会形象，促进会员与社会各界之间的相互理解和信任。

2005年9月，国家人事部颁布“关于印发《管理咨询人员职业水平评价暂行规定》和《管理咨询师职业水平考试实施办法》的通知”（国人部发〔2005〕71号）。文件中明确指出，“管理咨询专业人员职业水平评价，纳入全国专业技术人员职业资格证书制度统一规划”“管理咨询师职业水平评价采用考试的办法，实行全国统一考试大纲、统一命题、统一组织”“通过考试取得管理咨询师职业水平证书的人员，可受聘承担企业管理咨询业务工作，用人单位可根据需要和本人专业背景聘任经济师或会计师专业技术职务”。文件的颁布，一方面为企业选择优秀的咨询机构和合格的咨询人员提供了一个客观公正的标准，保障了管理咨询的服务质量；另一方面推动管理咨询人员系统学习管理咨询专业知识和方法，规范了行业管理、提高了咨询人员素质。

2008年，美国次贷危机引起的全球性经济调整，让很多企业重新审视发展问题，从而更加理性地思考企业管理。企业对于管理咨询的需求服务从朴素的初级阶段进入到切实解决问题的价值需求阶段。

在这个阶段，相当多企业的整体规模、实力、能力明显提升，管理水平也不断改进，企业获得最新管理理念、方法的渠道越来越多元，内部管理功能的设置越来越健全，对自身管理问题的认知也越来越深刻，对于管理咨询服务的价值诉求更加多元化和系统化。主要体现在以下4个方面。

（1）方案价值。咨询顾问根据客户实际情况，运用知识和经验，为客户提供咨询方案。这也是大多数咨询项目与客户约定的主要项目目标；

（2）理念传递。在咨询项目实施过程中，咨询顾问通过课程培训、访谈、会议、日常沟通等给客户传递的先进管理理念、管理方法、管理工具等；

（3）人才培养。咨询顾问帮助客户管理团队接受管理理念、管理方法、管理方案等，从而提升管理人员的技能和素养；

（4）咨询效果。项目实施后，由于企业管理水平的提升，直接或间接价值的创造。

鉴于需求的变化，传统管理咨询机构以“方案、报告”为主要输出形态的服务方式已经不能满足客户的需要。市场对管理咨询机构的专业能力、管理咨询顾问的职业能力都提出了全新要求，管理咨询行业面临剧烈洗牌。没有明显专业优势，或是突出顾问队伍的管理咨询机构在市场上逐渐淡出，乃至销声匿迹。管理咨询传统“三板斧”时代成为历史。

零点的“三级跳”

北京零点有数数据科技股份有限公司董事长　袁岳

2019年，零点公司成立了27年。尽管是一个创业企业，零点在一开始的时候就制定了3个九年总体27年的规划，用第1个九年建立行业影响力，用第2个九年成为行业领导企业，用第3个九年形成初步的国际影响力。27年过去了，零点作为一个基于数据的决策分析机构的定位基本到位。

调查研究，今天听起来没那么性感，27年前说起调查研究对大部分人来说类似于现在说到大数据，27年后的今天很多人开始说大数据，但在零点数据智能已经实地运用到帮助公共服务与商业服务部门，解决它们所遇到的实际问题。

总体来说，咨询是一个垂直型行业，所谓咨询由3个部分构成：起于诊断，就是先说问题；然后在诊断基础上提供解决方案；最后是介入实践的行动。

我们所处的行业，无论是以前的调研行业，还是现在的数据智能分析行业，最重要的资产就是数据，在早期没有其他的数据，所以是以调研数据起步。

与调研行业一起共成长，零点公司在1992年率先成立。1992—1993年，在我们之后全国出现了将近200家调研公司。

1992—2000年，外资企业对于调研行业的发展有着共同的驱动。最典型的是宝洁、可口可乐、通用汽车等外资企业，中国本土调研企业在方法论上跟西方的市场研究行业和民意调查行业比较一致。

2000—2015年，这15年是一个非常重要的发展阶段。如果按照上面所说的咨询三要素看，这时期最大的特点主要是在诊断，同时向整体提供解决方案延展，比如像零点公司在2001年成立了前进策略，新华信把市场研究和咨询分成了两个方向，到后来成了两个公司，大家不满足于诊断，也要出处方、也要提供解决方案。

2000年之前，三资企业提供了70%左右的市场需求。但是在2000—2015年，本土企业提供的市场需求接近70%，这是一个完全倒过来的发展。客户本土化的是一个重要的转变过程，本土企业提出的需求比以前外资提出的需求要更加广泛、多样，包括站在诊断的角度寻求解决方案，这个是外资企业不需要的。

2015年以后，咨询走向多元数据化，咨询建议需要多元数据的支持，基于智能算法的决策支持系统和平台的出现，大幅提高了咨询效率和效能。但与传统咨询相比，人才问题成为巨大的挑战，我们不仅缺少数据科学家，更缺少算法工程师，当然也面临服务政府许可的挑战，其中最为重要的就是保密资格的问题，这种保密限制实际上是可以在技术上解决的。另一个就是数据开放的挑战，有些数据不能共享，但算法可以共享。数字化社会正在向我们走来，我们遇到的问题是前沿性的，无论怎样我们都要认真地面对，也许这就是我们的未来。

从总体来说，下一步的发展方向就是要实现适合大规模系统化的公共政策和服务业发展评估和诊断，我们称为系统化评估，这个高度依赖于平台化的操作，人效极大地提高。比如过去我们5个人做一个项目，10个项目在做的时候要用四五十个人，那在平台化操作的时候，可能全国在做的时候，这一个项目总共15人，就把所有全部单元全部给做了，它的效能是极大的改变，所以IT平台化的操作，会成为未来咨询业规模化发展的重要路径。

27年前，零点在众多的领域中开创性地进行了各类公共政策议题到商业创业议题的探索，从投资环境研究、产业发展预期、公共服务绩效评估、反艾滋政策、流动人口管理服务政策、公共安全管理、城市管理等，到新车辆研发、快递服务、银行保险服务、商业地产开发与新型居住社区开发，零点在过去27年中站在前沿进行的探索，与今天零点站在政务算法、警务算法和商业算法前沿所进行的探索，在城市运营、窗口政务、营商环境、供应链革新、新品与新政策研发，创造并奠定了一种凝聚创新灵魂的模式：起步就与新挑战同步，出手就瞄准新的需求。

第三阶段：创新商业服务模式阶段（2015年至今）

基于数据、使用智能技术、走向提供一体化解决方案，可能成为一种趋势。

国内经济告别了高速增长阶段，国资国企改革进入新的周期，互联网经济的影响与冲击……剧烈的变局对各种类型的企业都带来了新的挑战、新的要求，企业也都在努力寻求应对策略。

一方面，客户对于管理咨询机构的要求发生了质变——不仅能够给予准确的诊断、出具科学的方案，还要推动企业的变革转型，并在推动过程中，提供转型所需要的整合资源。与社会经济中的其他主体一样，管理咨询面临全新的发展逻辑，要以变应变不断提升自我，去满足新的现实需求与潜在需求。另一方面，相当一批管理机构采取的是分散化经营、分散化运作的模式，内部组织能力较为低下。管理咨询机构亟须提升自身的项目管理能力、知识管理能力、客户关系管理能力，进而提升自身的组织能力、资源整合能力以及变革推动能力。这成为管理咨询机构自身蜕变的方向。关于管理咨询的价值讨论再一次出现，20 年前的争议话题是“管理咨询服务是否有价值”，如今是“管理咨询是否能带来价值”。

随着我国市场经济不断走向成熟和发展，对管理咨询的需求日益增加。市场需求的增加使得管理咨询公司的数量、从业人员的数量都有了极大的增加。与 20 世纪 90 年代中期相比，以管理咨询名义出现的咨询服务企业增长了将近十倍，从业人员达数百万人。从需求结构来讲，中国管理咨询呈现出多元化和高端发展的趋势。咨询业务不再以市场调查和信息需求为主，产生了大量基于信息技术的组织结构调整、业务流程重组、企业战略规划等专业化的深度咨询业务。同时，管理咨询服务的市场定价也开始迈向国际化。

2015 年可能是我国传统咨询和数据智能咨询的分水岭，传统咨询分类界限被突破，不同领域开始融合。例如，企业管理走向以 IT 技术为支撑的管理系统，专门从事 IT 解决方案的阿里研究院走向解决公共政策问题。

咨询分类可能要分为数据智能型和非数据智能型，非数据智能型也在向“传统咨询 + 赋能 + 资源整合 + 投资”，为客户提供一体化解决方案转化。这两种方式都将传统咨询的产业链拉长了。

数据智能咨询，也开始出现很多专业领域，例如智能政府、智能警务、智能交通、智能医院等等，他们将想法和算法结合起来，针对问题进行数据挖掘，不断采用智能技术，进行分析，诊断和提出基于数据的解决方案。客户也喜欢用系统的、全套的解决问题的方案，并与客户一起实施，根据最后解决问题的效果付费，这种服务模式正在成为一种新趋势。

另一种“传统咨询 + 赋能 + 资源整合 + 投资”模式，是咨询机构针对企业的问题，对企业进行赋能活动，使企业领导力能符合市场变化的要求，再整合客户和有关社会资源，从产业转型的角度，提出一体化解决方案和融资计划，寻找资金支持，与客户共同完成升级转型。

咨询从以前提出理念、概念和书面解决方案，正在向提供系统化解决方案，以咨询结果为导向转化，并逐渐成为主导方向。

【相关链接】

现代管理咨询发展历史概述

从根本上来讲，管理咨询的发源地是英、美。咨询行业是19世纪后期和20世纪早期的美国先驱以及20世纪20年代之后的英国管理思想家和商人建立起来的。

第一代管理咨询顾问于1870—1914年诞生于美国，当时他们所扮演的主要角色是帮助制造企业提高生产率和效率。他们尤其活跃的领域是美国西北部的钢铁工程公司。当时，人们并没有把他们叫作管理咨询顾问，实际上谁也不知道管理咨询顾问的真正含义；相反人们把他们称作“工业工程师”。人们把他们看作时间和动作研究者，一直到20世纪60年代对他们的这种占统治地位的看法才有所改变。

泰勒（Taylor）为我们留下了一份特别的遗产。泰勒的研究方案使他被后人称为“科学管理”之父。泰勒所关注的实际上就是后来所谓的组织方法。他所提出的简化复杂制造工作、监督模式清晰化以及提高生产率的观点当时在美国和欧洲是有着深远影响的，一直到 20 世纪 70 年代依然如此。

第一次世界大战之后，管理咨询顾问在美国工业的发展和重组过程中扮演了非常重要的角色。例如通用汽车公司聘请 Arthur D. Liffle 公司为其建立研究与开发中心，美国政府也购买了 Booz、Allen & Hamilton 公司的咨询服务。

20 世纪 20 年代的管理咨询仍然是在美国人思想的启示下向前发展的。这个时期的管理咨询开始受到早期动机工业心理学家的影响，如埃尔顿·梅奥（Elton Mayo）和玛莉·帕克·福莉特（Mary Parker Follet）。这些思想家从更广泛的组织角度来考察效率问题。其中人的因素开始得到人们更多的重视。

20 世纪 60 年代，工业结构和经济结构发生了巨大的变化，因此咨询活动也有了蓬勃的发展。同样是在 20 世纪 60 年代，在现实的市场中，分布广泛的消费者群体也已经成型，广告和市场营销的重要性开始得到人们的重视。美国的咨询公司对此同样做出了巨大的贡献。它们的很多咨询公司都是在像宝洁这样的公司内接受培训的，其中的宝洁公司长久以来一直被人们尊为一所市场营销商学院。这样，管理咨询顾问就帮助各大公司学习和使用全新的市场营销技巧。

20 世纪 60 年代同时也是“目标管理”盛行的年代。“目标管理”的框架是阿尔威克奥尔合伙公司的约翰·哈姆伯勒（John Humble）提出来的。简而言之，哈姆伯勒的主要观点是：卓越管理的诀窍在于建立清晰的公司目标体系，设置可测量的目标，对实现既定结果的途径形成共识。后来，他说过：“我认为，咨询的未来，完全可以预见的未来，是能够洞悉（管理过程中）各个组成部分之间的相互联系，而不是这些组成部分本身。”（Tisdall，1982）这种管理观点同当时的管理文化吻合得非常好，因为当时的管理文化非常强调长期规划、人力规划等。不过，这种管理观点很快就退出了统治地位，人们开始偏爱下面的管理观点：商业世界进入了一个变幻莫测的阶段，难以预测。

粉碎企业管理所有古典假设的是20世纪70年代的石油价格危机。1973—1978年，全球石油价格提高了两倍，上升到了前所未闻的天价。发生在两次经济大萧条期间的石油价格飙升，戏剧性地改变了人们的商业优先序列。财务业绩成为企业的最高关注点，各个会计咨询公司开始重视咨询市场。到20世纪70年代末，会计咨询公司在咨询市场上占据了相当大的市场份额。

在20世纪80年代，管理思想的一系列进展对咨询行业也产生了相应的影响。第一，随着日本公司在全球汽车产品市场、家用电器市场、半导体产品市场以及计算机市场上市场份额的提高，其他企业的一个反应就是模仿日本人的管理方法。因此，日本人的柔性制造系统尤其是质量管理等生产方法产生了巨大的影响。一时间，制造系统/技术和全面质量管理成为英国管理咨询市场成长速度最快的一块。第二，金融市场的自由化、国际关税壁垒的降低以及企业国际化经营创造了对全球公司战略和全球市场营销战略的需求。

企业的国际化经营发展也推动了一个全新的咨询市场的出现，即文化变革管理。事实已经证明，对拥有多种不同的制度、文化和产品的国际性公司进行管理是极其复杂的。在这些大型国际公司中所出现的文化变革既是内生性的也是外生性的。文化变革超越了不同的职能，其所产生的影响很微妙但又是强有力的。这一新的咨询领域已经受到许多从事管理文化研究的专家们的影响。同时对人力资源管理（HRM）咨询的需求也越来越多。HRM咨询活动的发展受到下列因素的驱动：购并浪潮的兴起、增加对个体的培训和职业发展的需求、确保HRM实践能够反映公司文化方面的变革。

波特认为企业必须“创造价值”，他提出了“价值链”的概念：企业开展的每一个活动都可以进行分析，寻找它们之间的相互影响。他解释道：“对这些在战略上具有重要意义的活动，如果一家企业能够比它的竞争对手付出更低的成本或者做得更加优秀，那么，它就可以获得竞争优势。”

波特的著作鼓励各个公司不仅要考察所有公司内部的活动，而且还要考察外部的关系，其中尤其至关重要的是考察企业同供应商的关系。

波特观点之后的发展是业务流程重组，这是比较符合逻辑的。迈克·哈姆和詹姆斯·查姆匹（Mike Hammer & James Champy）的著作《企业再造》（*Re - engineering the Corporation*，1993）告诫我们的管理者：应该把注意力放在流程上而不是管理职能上。很多公司因此对自己的业务流程进行全面系统的重组。在实际操作中，几乎每一个业务流程重组都是在咨询顾问的帮助下进行的。

价值链分析和业务流程再造概念对组织自我评价的强调还衍生了管理实践中的其他发展趋势，即把精力集中在企业最适合或者“最擅长管理”的“核心”业务上，相应地，对那些对业务并不起核心作用的活动，企业外包出去或者“外部寻源（外购）”。各个管理咨询公司在其中所做的事情就是向公司建议外购什么、如何外购以及在外购活动同IT（信息技术）有联系时如何不断改善对外购活动本身的管理。IT的出现就把我们带到咨询行业中另一个主要的发展方面。

如果说存在某种因素在最大限度上改变了管理咨询活动的话，那么这种因素就是IT。20世纪80年代，咨询公司的IT项目在咨询业务市场上所占的份额不到10%。今天，IT项目占到了25%强的市场份额。对有些大型咨询公司来说，IT项目为它们创造了50%的收入。随着越来越多的以IT为基础的咨询公司在咨询行业中占据统治地位，咨询行业的结构也在发生巨大的变化。

20世纪90年代后期以来，互联网开始对管理咨询领域产生有力的影响。电子商务的兴起为管理咨询活动提供了大量机会，因此它们的客户都开始试图利用这种新兴的商业媒体。同时这也推动了网络咨询的发展——尤其是针对强调网络企业的发展而进行的。麦肯锡公司估计，2000年，有一半的客户项目中都包含着相当大部分的有关电子商务的内容。

网络咨询的发展将进一步推动人们对另外一种迄今我们尚未接触到

的服务的需求——知识管理建议和服务。未来，知识管理将发挥前所未有的重要作用——并且并不仅仅对咨询客户来说如此。就管理咨询本身而言，知识管理已经成为关键问题。1999 年，MCA 发表了一篇由 William White 和 Michael Sedgley 撰写的题为《全球化与知识社会》（*Globalisation and the Knowledge Society*）的报告，说明了知识的利用及与知识传播相伴随的信息技术将如何改变企业。联结性（connectivity）将成为知识管理的驱动力量，使得企业和社区能够以 20 年或 30 年以前根本无法想象的方式联系起来。

这些新发展都表明，管理咨询要在 20 世纪得以发展和繁荣，必须对自身的运作和实践方法加以反思。有许多问题需要进一步的加以思考：如核心竞争力、人员招募和培训等。对许多公司来说，关键的问题就在于定位和目的。它们参与这一行业的目的是什么？它们应当扮演怎样的角色？它们应当如何去适应全新的未来环境？

3

现状

亚行技术援助项目——中国政府选聘咨询机构（顾问）研讨会

同频共振：本土咨询与中国企业一起成长

经济发展的宏观大势决定了企业发展方向，企业的痛点与梦想为咨询业的发展界定了发展目标。

咨询公司尤其是外资咨询公司们显得颇为低调，严守客户秘密的职业操守，这使得这些咨询公司像铜墙铁壁一般难以为外人一窥其貌，其神秘感多年来也并未有大的改变。

人们很容易觉得咨询是个很难界定的行业，目前有咨询这个说法和营业范围内包含了咨询内容的注册企业接近30万家，但这包括了大量的个人经验咨询机构、个人专业服务工作室型的企业、声称有咨询业务而基本上没有咨询类营业收入的企业，或者咨询业务在众多的业务类型汇总中只占据了很小比重的非专业性咨询机构。

在零点有数董事长袁岳看来，典型的咨询行业包括4类机构：第一类是集合了有个人研究经验与特殊工作背景的人士组成的合伙性质的咨询机构，参与者往往具备写作报告、发表观念与找到影响渠道的个人能力；第二类是往往有某些专业逻辑与工作方法论的系统咨询机构，它们构成了管理咨询、财务咨询、工程咨询、投资咨询行业的主体；第三类是基于数据的人工解读为核心的咨询服务机构；第四类是基于数据技术的新型系统咨询机构。

中国咨询业面临的挑战与机遇

经济全球化的加速和中国经济的巨大变革，给中国企业的决策者们带来了前所未有的机遇和挑战。在企业变革的过程中，往往会找第三方机构助推，大量咨询机构应运而生并快速发展。

随着我国市场经济逐步发展，市场竞争的激烈程度逐步增强，企业对各方面业务咨询的需求越来越迫切。对于现今的大多数企业来说，外部经营环境复杂、内部面临规模扩张、跨越转型，这些都会对企业管理体系、营销体系的规范性、系统性提出新要求。建立科学有效的企业管控、营销体系，增强企业的内部凝聚力和核心竞争力，是企业实现持续发展，保持基业长青的必由之路。

我国面临着经济发展升级和产业结构转型的机遇期，对咨询研究的服务需求将不断增加。咨询研究业在国内正处于快速成长期，旺盛的需求、政策的利好与市场细分的深化将引领行业的发展。

在此过程中，咨询公司扮演着智囊角色，为企业建言献策、诊断纠偏，充当公司再造的引路人和辅导者，帮助企业突破发展瓶颈，实现跨越发展。在华为近30年的成长历程中，有一个角色不容忽视，也是华为成长中一个十分重要的见证方——外部的“管理咨询”智囊团。

从1996年开始，华为历年来累计支付给各类咨询公司的咨询费高达几十亿美金，帮助华为构建了研发、供应链、财经、人力资源、市场等方面的制度、流程体系。

1998年，成立仅10年的华为引入IBM参与华为IPD和ISC项目的建立，5年期间共计花费4亿美元升级了管理流程。其手笔之大，决心之强烈，当时业内少见。除了IBM，华为还曾聘请过埃森哲、波士顿、普华永道、美世和合益、日立咨询、日本丰田董事等咨询公司或专家。

任正非曾对记者说：“日本丰田公司的董事退休后带着一个高级团队在我们公司工作了10年，德国的工程研究院团队在我们公司也待了十几年，才使我们的生产过程走向了科学化、正常化。”“从几万块钱的生产开始，到现在几百亿美元、上千亿美元的生产，华为才越搞越好。我们每年花好多亿美元的顾问费。”

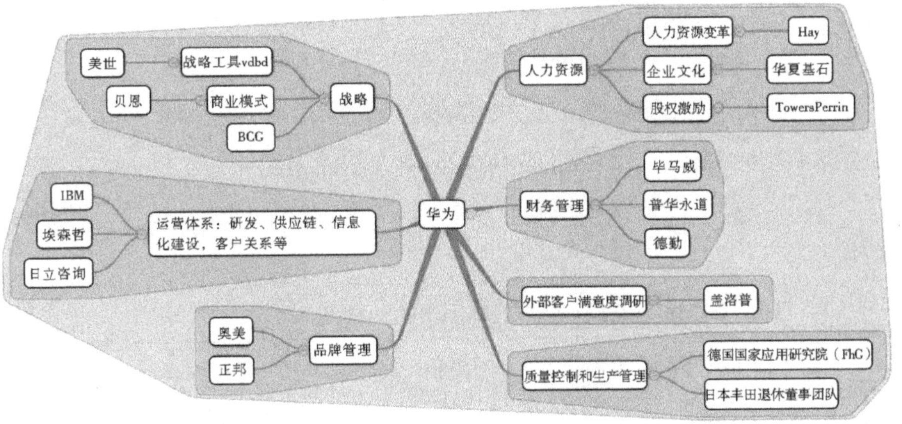

中国咨询业取得的成绩

1. 行业自身

我国已经从单纯的技术、工程、管理咨询转向纵深的科技、经济和社会咨询，复杂度和整合度及系统化能力提升，传统的咨询边界被打破，新的技术应用率先在客户咨询实践中应用，基本实现了以下突破。

（1）边界突破：咨询、培训、技术、投融资、法务等咨询业务不断地被突破和融合。

（2）视角突破：单一视角，头痛医头，脚痛医脚单元咨询服务的业务萎缩，转向多角度、系统化的思维方式，解决复杂问题的能力逐渐增强。

（3）技术突破：以人工智能、大数据为代表的新技术的应用能力不断提升，并在更加广泛业务领域中应用。

（4）业务范畴突破：基于客户需求的变化，不断突破自身传统的业务领域，形成基于数据的一体化的解决方案提供者。

2. 为企业发展提供服务

第一阶段：为企业从生产单元，到独立走向市场，建立现代企业制度过程中，咨询业将现代管理思想、方法、工具引入企业，在实践中共同学习，并对现代思想在中国实践的经验进行有效的传播。

第二阶段：在提高企业效率和效能上，应用现代咨询思想、方法和工具，为企业服务，与企业共同成长。

第三阶段：在企业动能转化，模式转型，变革创新，起到引领和推动作用。

3. 为政府决策和社会管理提供支持

我国与西方国家体制不同，我国党中央和国务院在经济领域中对市场主体的动员能力、培育能力、引导性都与外国政府不同，这是我国社会主义制度的特色，但如何采用正确的方法做，咨询机构为政府提供了以下支撑。

（1）为政府用现代管理思想、方法手段管理社会提供了理念和方法的导入。

（2）为提升政府的科学决策的效率和效能提供技术方法和方案支持。

（3）为政府职能的转变和便民服务创新提供支持。

经过 30 多年的发展，咨询业本身成为独立的新业态，从学习、实践、再学习、再实践，在实践中学习交流和沟通，从而实现双赢。在实践为基础上成长的咨询机构不仅为客户解决很多发展中的问题，也解决了大批高智力人才的就业，并在咨询实践中形成了一批高水平的咨询人才，基本能满足企业发展、公共机构，包括政府决策的需要，支撑了政府决策、企业发展（市场主体），社会发展的需要，并形成了一批最佳咨询案例，同时也对咨询业的理论方法工具进行了多层次、多角度的探索，形成了咨询的专业特色。

咨询业的发展与中国经济发展紧紧相连。在新经济的影响下，咨询与客户的关系已经从以前的甲乙方就单一咨询项目的合作，开始向关注咨询结果，风险共担，长期合作模式转化。从成本定价转向兼顾成本和咨询效果为主导风险共担的定价模式。咨询边界正在模糊，跨界融合正在发生。

总之，在中国本土市场上成长起来的咨询机构，深深扎根于中国本土的商业实践，他们不仅造就了一个个客户的商业成功，也足以代表中国商界的智慧和商学思想的最高成就和智慧。

咨询行业存在的问题

1. 政府

我国政府对经济发挥促进作用，政府对咨询服务采购业发挥巨大的示范和引领作用，因此政府在促进产业发展的作用不可缺失，目前政府在这方面主要存在以下不足。

（1）政府采购咨询服务不规范：发达国家，政府采购咨询服务是促进咨询业发展最有力的手段，并规范采购行为。我国的财政预算中没有明确咨询服务的科目，各级政府采购咨询服务资出多门，大部分经费不足，也很难规范政府的采购行为，使咨询质量大打折扣。

（2）政府主管部门缺位：对于新型行业而言，从产业角度，没有明确的主管部门，根据业务发展而言，咨询业务几乎涉及所有行业和部门。例如工程建设中各个环节都涉及咨询业务，投资核准、勘察、设计、监理、项目管理、安全防控、验收和交钥匙，但是它涉及发展改革委、住房城乡建设部，以及几乎所有的基础设施分管部门。援外的工程项目主管部门是商务部。业务主管部门多，政策也有不匹配的，咨询业务比较难开展。

（3）没有产业政策：每个产业发展都要尊重自身的发展规律，产业发展需要有产业政策的引导，发达国家在税收、出口、对外援助、激励企业使用咨询服务、对中小企业实施补贴政策等多方面鼓励本土咨询业的发展。

（4）人才激励措施缺乏：咨询业是人才高度集中的行业，人才就是咨询机构的资产，在人才吸引、激励和发挥作用方面缺乏政策支持。

（5）政府的数据开放不够，例如专利数据的开放，就形成了一批为专利服务的咨询机构。政府应划清国家安全和社会共享的数据，促进更多社会组织有效参与到国家治理的体系中去。

（6）目前的招投标法更适用货物的招投标，采用合理低价的评价体系，而咨询和科研项目一样，不能采用低价的评标原则。另外要加强对政府采购咨询服务项目行为的规范，不能忽视政府行为对社会各类组织的示范和影响作用。

2. 咨询机构

咨询行业领军企业数量有限，虽然经过30多年的发展，我们在业务能力上有明显的提高，但是在市场布局、理念创新和市场开拓、人才培育和内部知识管理等基础设施的建设上与国际咨询机构还有很多差距，另外咨询机构的研发和平台建设投入偏低，多数机构向新的咨询模式转型缓慢。内部管理规范化水平不足。以客户为导向的信息资源整合的整体能力滞后，对信息技术为主题的新技术的研发和运用也不足。人力资源的匮乏，服务的专业化水平有待提高。

中国目前有各种性质各种规模的企业1000万家左右，他们面对激烈的市场竞争和企业自我发展等问题，对管理咨询有着巨大的潜在需求，但是因为受到各种因素的限制，市场中反映出来的现实需求并不多。首先，大多数企业对管理咨询的认识不足。尽管经过这么多年的发展，管理咨询的市场需求有所增加，但对管理咨询的价值仍然存在很多的误解，无法接受管理咨询产品应花费的高成本。这一方面是因为管理咨询不同于一般的产品和服务，具有不易检测、不易衡量的特点，尽管其凝结着高度的知识创新，但需要人力资本的物化与时间相结合才能见成效；另一方面是因为我国的经济还不够发达，很多的中小型企业还拿不出大笔的费用去接受管理咨询。

首先，管理咨询公司缺乏明确的定位。中国的管理咨询公司很多都是“全能型”的，看看公司网站的业务介绍就会发现，从战略管理、生产管理，到营销管理、财务管理、人力资源管理，包罗万象，应有尽有。样样通一点，却又都不能服务到位。这一方面是因为中国企业确实存在很多的问题，另一方面是因为管理咨询公司缺乏放弃业务板块的勇气和行业联合的协作精神。

其次，管理咨询公司没有稳定的管理模式。在公司发展初期，业务量不是很大，大多数公司采取的是矩阵式管理模式，根据业务需要组成项目小组，进行项目化操作。后来随着公司规模的扩大，业务量的增多，事业部制成为最主要的管理模式。由于业务量的不稳定，许多公司在管理模式上难以做出选择。

最后，管理咨询公司的服务报价缺乏科学的依据。管理咨询服务是高智力的活动，而智力活动往往是很难定价的，在成本管理上找不到现成的依据，只能遵循一些惯例，这就使得管理咨询公司在报价时比较混乱，缺乏规范性和科学的依据。

3. 央企为代表的企业客户

我国企业选聘适合自己的咨询机构的能力还不是很强，还没有具备选聘咨询机构的能力和方法，对咨询价值认识的方法和工具也不完善。

因为国际品牌的关系，央企在使用跨国咨询公司的，自身承担的责任风险较低，而使用本土咨询机构有洗钱的嫌疑，因此本土咨询机构失去了很多市场机会，这些机会基本被国际咨询公司占有。

4. 行业协会

行业协会社会定位模糊，法律地位不明确，政府对其平台作用扶持和关注也不够，自身管理和发展能力有限，难以在行业发展和治理中发挥作用。

咨询公司与企业共生才能一起成长

北京北大纵横管理咨询有限公司合伙人　张伟

我认为现在咨询行业正处在最好的一个时间段，无论是社会主体、政府、企业，以及我们职业经理人的个人成长和需求，对咨询都抱有无比的厚望。

但实际上咨询公司面临的所有的问题跟企业是一样的，甚至说我们还不如企业。举个例子，假如我们都是这个行业的头部企业，但是我们这头部企业里边谁知道谁的底？我们想把这个行业做起来，但是行业里头部的这些企业里面，它是怎么玩的？它到了一个什么规模？

我觉得这个行业当中最大的问题是咨询企业的运营问题。第一个是视野，我们对自己在这个产业当中，能不能把做学问的那门心思真正放在企业运维上？我们做平台的环节当中，觉得对整个的规模量很大，但是平台它也到了发展的突破点，或者是到一个瓶颈。谁想给自己做一个标签可以，但是这个标签真正能够在社会体系当中被认定、被承认、被公义为咨询行业当中的一面旗帜，还有点早。

中国企业有了长足的发展壮大，但在某种程度上，管理基础很差，其实我们看到和看不到的还有大量的成长性的问题，甚至说较早期的问题，而这些问题当中如果都突破了，我认为没个三五年时间，基本解决不了。

按我的理解，现在的咨询行业应该整体跟企业伴随成长 3 ~ 5 年，你中有我、我中有你，因为大家所有面临的问题都是一样的。那么怎么样建立的模式不是我们设想出来的，我感觉企业现在的紧迫感和快速心理已经不需要你给我做那些研究，而直接告诉我这个活儿该怎么做，甚至干脆你就给我派人来。

所以个人认为，未来有可能会有一个一旗飘红，生态产业的全面建设，也就是说以咨询公司是一个大平台为入口，它的赋能和企业的这种黏度可能决定未来。咨询的一些主力机构，能不能形成一个模式，需要看变化。至于在这个体系催生下来的人才建设、机制建设、体系建设，这个东西未必能设计出来，因为现在大咨询公司的整个业务布局尚不成形，最成型的就是原来的运营体制和机制，就是我们传统的战略、人力、文化那些东西，那些东西企业需要吗？需要，但是它一定根据现在的发展不断进行演化和实体化。

躬身入局后我们会切身地感到，现在大家很多对未来的发展看不清，自己想把自己的体系梳理出来，也不太具备功底，企业客户解决问题又不能完全靠咨询公司，只能是双方在这个压力下不断地交融、不断地繁衍，不断地生产，最后给企业带来不断的实惠和收获，最后一路往下走。所以我们给更多的合伙人提出要求：你的身边能不能有10个企业跟你共同成长？

目前咨询市场的主流客户还是行走在转型路上的传统企业，很多还是成长中的企业，他们需要咨询公司与他们共同探索转型之路，虽然他们不会完全依靠咨询公司解决问题，但我们要与他们反复交融，不断澄清问题的关键，同时咨询公司也要不断积蓄智慧和知识的底蕴，一起互相促进，从而实现共同成长。

让梦想照进现实

当前的中国，整个政治、经济、商业和社会领域正在变得越来越复杂早已是不争的事实。而如何面对这种复杂性，在全新的环境中获得成长，对于中国企业而言，却还没有一个确定的答案。不过，我们可以看到的是企业的学习意愿和开放心态正在前所未有的增强，这不仅体现在各类热点文章和主题论坛的火爆上，甚至于一些偏学术的研讨会也引起了企业家们的兴趣，这说明整个市场都在不确定性的迷局中寻找自身未来的发展方向。

但是没有疑问的是，与过去30年中国企业的发展相比，在当前的变局之下，企业所需要考虑的不是再像以前那样如何有效获取和占据机会与资源，而是在市场规则下如何通过独有的能力和独特的模式来构建企业核心竞争力。从发达国家的经验来看，在这样的转型时期，像咨询公司这样的专业服务机构的介入显然必不可少。但是由于种种原因，中国企业对咨询行业、咨询公司和咨询服务形成了相当矛盾的心态，一方面，他们认为咨询公司的服务只是纸上谈兵，并不能帮助企业解决实际问题，因而对咨询公司的服务和价值不屑一顾；另一方面，则由于自身对变局的担忧和知识与信息的缺乏，却又对咨询公司所发布的各类观点和报告关注有加。

传统咨询业与现代咨询业的主要区别

从局部思维到系统论思想：传统咨询业注重对企业“科层制”管理模式中各单一管理环节进行局部改善和优化。传统咨询业适应于工业经济时代企业管理的需要；而现代咨询业则是要打破过去传统的“科层制”管理，面向企业业务处理流程实施管理，并建立扁平化组织，以适应对客户和市场的快速反应。这是系统论“思想在管理领域的应用，是对企业管理从整体上进行优化。因此说，现代咨询业适应了当前知识经济时代企业管理的要求。

从表面到核心：传统咨询业只是一般不涉及企业管理手段，特别是现代计算机信息技术处理手段在企业管理中的地位及其重要性；现代咨询业注重 IT 手段对于改善企业管理绩效特别是在提升企业竞争力方面的重要作用，并通过专业化咨询服务提高 IT 技术在企业应用的成功率和在改善企业管理绩效方面的有效性。

从定性研究到定量研究：传统咨询业主要依据传统的管理理念、企业战略、市场策略、管理模式等定性化管理分析理论；现代咨询业将主要依据数字化管理理论（目前仍在不断发展和完善过程中），以 IT 技术和量化分析为基础。

从专家到杂家：传统咨询业的咨询顾问主要以 MBA 和具有丰富管理实践经验的人为主体；而从事现代咨询业的咨询顾问不仅要具备管理理论基础和管理实践经验，还要精通 IT 技术及其应用，即需要跨学科的现代复合型人才。

从管理技术到信息技术：传统咨询业主要是从企业管理的各个层面划分各个专业业务领域；现代咨询业是从对信息技术的应用角度划分业

务范围，这也体现了现代咨询业是以信息技术为核心的新型咨询产业。

慎思行咨询的研究认为，究其根源，还是因为整个市场并不真正了解咨询公司和咨询行业。与国外市场类似，中国的咨询行业要想实现自身的发展，归根结底还是需要有更多客观的信息和指标来有效衡量咨询行业的发展趋势和咨询公司的优势与特点，帮助市场进行了解和判断，才能拨开迷雾去伪存真，使得企业真正能够理解咨询服务，并且借力咨询，实现自身在新环境中的转型和纵深发展。

但是，衡量咨询行业的发展和咨询公司的优势远非想象中那么简单。这不仅因为中国一直缺乏独立于咨询公司和企业客户之外的第三方机构，更因为咨询公司本身的特点与普通企业很不相同，一方面咨询公司绝大多数归属私人所有而非上市公司，所以在绝大多数情况下其业务规模和收入情况都秘而不宣；另一方面咨询公司的优势和影响，也并不能仅仅从业务收入和人员规模的角度来进行衡量，从欧美市场的经验来看，很多时候往往是那些偏安一隅的精品咨询公司通过对特定问题进行深入思考和研究和对管理思想和理论的创新，对整个商业社会形成了巨大影响。

在慎思行咨询看来，寻找衡量咨询公司的客观信息和指标，必须要对咨询公司的业务模式有深入的了解。其实对于咨询公司而言，最核心的三大资产如下：

—— 第一是人才，即项目协作，提供服务的基础。

—— 第二是品牌，即获得信任，形成差异的符号。

—— 第三是知识，即传递价值，创造影响的载体。

这三者之间的关系是，咨询公司通过品牌效应吸引人才，而人才则通过服务客户积累经验创造知识，知识则借助媒体的传播提升了咨询公司的品牌影响，三者不断循环，才最终推动了咨询公司业务的发展和规模的扩大。而具体到表征咨询公司的实际情况和市场影响的客观信息，就是业务规模、人员规模、品牌价值、智力产出和业务活动。不过，问

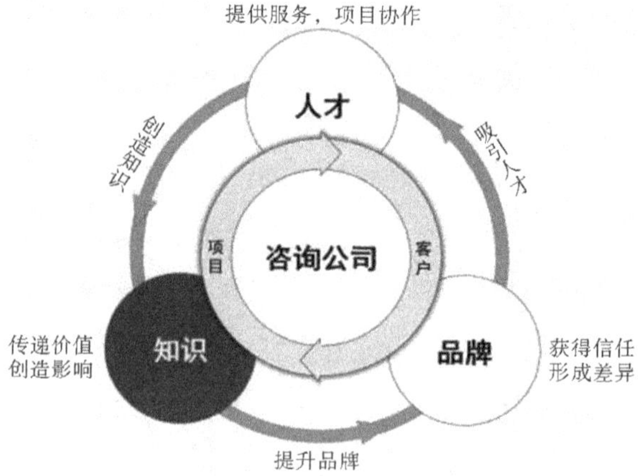

（来源：慎思行）

题在于，前两项不仅存在信息可获得性的问题，数据本身也难以真正表征咨询公司的真正影响。而品牌价值、智力产出和业务活动在一般情况下则更加难以衡量。

咨询业慎入

1. 学术背景不够优秀的应慎重考虑管理咨询行业

管理咨询行业对学术背景的要求主要出于以下几个原因：行业本身对人才一贯要求的传承、行业本身对学习能力极高的要求、顾问与顾问之间沟通协作的需要、获得客户认可的需要。

2. 没有明显的领域专长，或领域专长可替代性强的应慎重考虑管理咨询行业（仅对非应届毕业生而言）

管理咨询项目给客户提供的咨询服务是有明显的行业与领域特性的。从最宏观的政策与产业和市场研究，从一家企业的整体战略研究，再到具体领域或职能部门的战略规划，并进一步落实到流程和运营层面进行问题诊断，业务规划，流程再造，方案实施等。从工作内容和客户期望两方面来看，这些工作都对咨询顾问在行业与领域的专长提出了要求。

3. 沟通能力较弱的应慎重考虑管理咨询行业

不同的公司乃至不同的顾问都有不同的做事风格，巧舌如簧滔滔不绝并不是一个顾问的必备素质，玩命忽悠客户也绝不是日常工作中必需的工作。但是顾问工作依然对沟通能力有一些基本的要求。

4. 缺乏基本的数据分析能力与思维的应慎重考虑管理咨询行业

对许多咨询项目来说，虽然数据分析可能只占据项目10%～20%的比重，出于决策支撑的目的而进行，即数据为目的服务，而非单纯依赖数据给出咨询建议。但是以事实和数据为依据，是咨询的基础原则。

5. 对管理咨询行业存在不切实际的期望与幻想的应慎重考虑本行业

咨询公司做的绝大部分工作都没有看上去的那么高大上。假如你期待的是出入厅堂、指点江山式的工作，管理咨询恐怕会让你极度失望。

汇聚中国本土咨询的力量

咨询服务对于企业到底有没有价值？从企业的角度来看，这个问题不仅代表着他们了解咨询服务的渴望，也意味着他们对咨询服务价值的怀疑，而咨询服务所创造的价值，却是咨询行业产生市场影响力的基础。

应该说，中国目前还没有国际级的咨询机构。作为掌握国家重要资源的许多国企在改革、转型及升级中多数仍依赖于国际咨询机构，中国自己的咨询机构必须成长起来。

当前，新的数据时代正在向我们走来，与企业联手进行创新升级的时刻已经到来，在继续向国际同行学习的同时，建立基于中国文化基础上的商业咨询思想，并在咨询实践和变革中创建高层次的咨询平台，团结行业人士，更好地交流和学习。

百思特管理咨询集团创始人兼商学院院长张正华认为，中国管理咨询业，没有任何值得骄傲的资本。

在他看来，中国的管理咨询业虽然经过了20多年的发展，但是跟欧美发达国家相比，仍然是差距最大的行业，没有之一。中国前100家咨询管理机构的所有营收加起来，不足世界前10名任何一家咨询企业的零头，他们的零头都多达100亿～200亿美元，我们前100家加起来也就几十亿元。除了企业规模和体量，我们的方法论、技术、客户的结构和他们相比，也仍处于初级阶段。所以现在以及未来十年，仍然需要借助欧美先进的管理和理念，这是暂时改变不了的现实。

欧美企业有上百年的经验，中国企业平均生命周期不到10年，像华为这样的大型企业集团也才30年的经验，还不足够沉淀和积累开发基本的管理体系、理论。欧美发达国家的管理体系要在企业中加以实践，做大量数据的深度加工，一般由商学院与大学教授等专家型学者联合开发。就算是德鲁克和菲利普·科特勒，都以任职的方式在企业里面做过大量的样本观察，并进行了深度的研究，并不是纯粹的学院派。国外专家型学者有多重角色，一般在先进企业的决策层担任管理顾问，都是第一现场的深入参与。

而中国企业和高等院校是割裂的，政策面也极少牵引更多的人潜进去研究管理的数据和体系模型。国内有管理咨询界的企业家，动不动出几本书，东拼西凑，没有任何的含金量。国外很多管理学专家，几十年就出一本书，从1.0到4.0，连续15版，只研究一个领域，用一辈子的时间去研究透。

欧美咨询业的百年历史和为数众多的成功案例相比，在中国这个如此有特色的市场，中国企业渴望成功，但更畏惧失败，而咨询行业却因为专业操守的要求与客观声音的缺乏，而使得失败的案例反而受到了更多的市场关注。

在慎思行咨询看来，在中国，改革30年高歌猛进的经验却使企业们更相信，解决自身问题最简便的方式，还是直接找到在相关领域的领先企业，将其最有价值的方法和经验直接移植过来，因为他们相信这样最快，最容易产生效果，也最能够满足快速变化的市场节奏。而在企业高速发展、市场变化剧烈的环境之下，除了前述商业规则的失效外，国内商业和管理理论发展的长期欠缺亦是一个关键问题，而所有这些问题的叠加才最终使得企业家个人作用被过度放大。

因此，在中国市场正在从初创时代走向理性时代的大背景下，我们认为通过错位能力的构建，企业与咨询机构将会在价值和影响力方面重新达成平衡。但我们同样认为，咨询服务真正的平衡之道，并不在于双方相互角力和博弈，而在于价值理念的互通与认同。中国企业需要正视咨询服务的价值和影响，从而能够以正确的心态和方式与咨询公司展开更有价值和意义的合作，而咨询公司亦要针对中国市场的特殊之处调整既有模式，并且从自身出发深刻挖掘和真正坚持咨询顾问应有的专业精神，将此付诸为客户创造价值的实际工作之中，不断践行咨询职业行为准则。只有中国企业与咨询机构在能力上形成真正的契合，在合作中产生真正的信任，咨询服务市场的平衡之美才会最终在中国绽放。

博格（中国）管理咨询有限公司董事长郑甫弘认为，在回应新时代需求的过程中，实现咨询行业的变革升级，咨询行业机构必须具备3种关键能力。

1. 孵化式深度服务能力

咨询机构应由过去的碎片咨询、模块咨询向系统价值链服务转化。打破单一的薪酬、绩效、流程模块的咨询服务，实现企业各方建设、改造的联通。同时由外部顾问、外部培训向深度持续孵化服务转化。咨询顾问应深入企业内部，结合企业实际，建立以结果为导向的高效咨询。最终，由短期收入、项目收入模式实现向中长期收益模式转化。

2. 创新赋能服务能力

当前，许多企业缺乏的不仅是钱，如何运用好资金、资本、资源亦同样重要。咨询机构应学会运用咨询来驱动技术和资本的力量，通过“咨询＋技术”“咨询＋资本”等方式增强企业创新能力，将国外技术和中国企业结合在一起，以咨询驱动资本的力量，打造自身的产业生态服务能力，更好地为企业赋能。

3. 开放型的人才服务能力

人才服务在变革。未来跨区域的人才引进、跨界人才整合、跨国人才文化管理和人才激励机制的升级都成为企业发展的重要议题。

人才需求的升级，刺激着激励机制的改变。当前单纯依靠奖金福利已经过时，人才更多的是对事业感的思考与向往。企业家股权思维的开放，也助推人才激励的升级。

所以咨询机构应针对人才发展，打造开放型的人才服务能力。

他还提出了企业发展需要植入四大新动能。

1. 企业家驱动，从商业思维升级至商业思想

企业家经理大多经历了很多培训，但如何从商业思维升级至商业思想仍未多见。

当前企业运用的大部分经营思想、管理工具都是舶来品。过去可以借鉴、模仿，但今天的时代环境需要创新，没有商业思想创新的企业行为，越来越难走远。我们必须找到中国企业的商业思想，否则企业很难走远。

中国企业需要一次商业领袖的革命。每个产业都需要新型企业家的出现，而不只是传统的老板和浮躁的资本土豪。

2. 技术驱动，从数量型增长质变至效率型增长

过去中国企业大多通过数量增长，而现在推进供给侧改革，核心在于企业端的技术创新，要通过技术创新实现质变，实现企业的效率型增长。

而新技术赋能需要基因人才。产业技术一方面来自企业内部基因人才的自主创新；另一方面依赖政府政策驱动及产业技术应用对接服务的驱动。所以，企业在这项驱动和能力上更依赖多种形态的创新。

3. 组织驱动，从传统组织演变至新型组织

海尔是组织变革的标杆，它从传统的组织实现向自组织乃至量子组织的变革。但当前大多数企业还是金字塔式组织，组织的落后成为企业发展的薄弱环节。

发展事业合伙人、打造激励机制，都是组织的核心内容，都是企业未来的关键课题。所以企业应推进自驱动组织的创新，升级激励机制，将职业经理人转型事业合伙人，真正打造企业的内驱力。

4. 增长驱动，从传统业务到寻求新增长曲线

中国90%以上的企业需要寻求所谓“第二曲线”。企业面临内生创新困难，在原有产品、行业难以突破，需要新的突破点、新的增长模式，甚至是开拓新的行业领域。以上这些都是企业突破瓶颈的“第二曲线”。

另外，大众创业下的初创型企业大多为新兴产业，但创业成功率不高。而在平台上去创业，成功率会提高。

所以咨询协会应该成为这个平台，为处于瓶颈期的传统企业、创新发展的新兴企业提供助力，提供智慧支持，同时与企业互为赋能，为企业找到新增长曲线。

东方博融董事长苏文忠认为，要站在社会使命的角度看待咨询业的发展，中国在发展中遇到的问题一定是中国人自己来解决，这并不是排斥国际化。在发展中，一批懂中国文化和历史，具有经济思想、经济理论、经济分析工具的人才能解决中国的经济问题，中国咨询人从本土企业发展出发，经过近30年的探索，会逐渐形成中国的商学思想，借鉴国际商学理论、工具和方法，做出自己的中国贡献。

中国新经济与中国咨询业

长城企业战略研究所所长　王德禄

我觉得我们现在不是要去考虑咨询业怎么做，而应该是考虑中国取得全球引领的位置中怎么发挥咨询业的作用。这份报告能不能写好的核心在于怎么认识中国当前的发展阶段。从世界经济的发展角度来看，不管是英国崛起或是美国崛起，最大的标志就是出现了一群引领世界的咨询公司，且在各自的经济发展中起到了关键作用。可以这么说，美国把工业经济带到了顶峰，中国能不能把新经济带上顶峰？这也是中国能不能崛起的关键，更是中国咨询公司能不能在其中起到作用的关键。这是我最近在思考的问题。

中国咨询业与中国新经济在全球引领

从长城所的发展来看，我们这些年主要在三大领域的涉入比较多。第一是高新区，高新区代表中国新经济的生态，所以我们坚持在此间奋斗，对区域创新也有了26年的实践经验。第二是创业，我们培育了一代又一代的创业者，第一代是民营科技企业，如“四方联”，第二代是BAT，第三代是现在出现的瞪羚、独角兽这些高速成长的企业。最近我感觉，每个新经济公司，也希望通过我们得到独角兽的认证，希望我们去他们那里考察，这说明我们在各地独角兽涌现的背后也是起了很大的作用。第三是IT，咨询最关键资源的是什么？是数据，我们现在某种意义上是做大数据咨询很重要的一部分，而且中国现在的大数据公司跟我们都有很较多的合作关系。第四个是政府，我们跟各部委有合作，但很谨慎，主要是和各高新区合作。我感觉，在现有的体制下，我们与客户之间的关系，已经不是简单地咨询了，而是与他们共同成长，这个成长的意义很大。

但是有三大领域我们是没有涉入的，比如大国企、银行和上市公司。大国企我们是退出了，上市公司也退出了，我们当时策划了民生银行的筹建，后来也退了。上市公司、大国企、金融机构这3个领域基本是得到了中国创业的红利，而最辛苦的是创业、园区和IT，所以我们现在最主要的是要考虑，我们能不能进入这三个领域？以前这三个领域内的都不接，但是现在形势变了。发展改革委也提到，不能让这些动力产生的资金越来越流入外资。这也就是说，如果要想中国更健康的发展，就要把本土咨询公司引进到我们没有纳入的这三大领域。这个态势说明，中国咨询业要想办法带领中国崛起，走向世界，走向人类命运共同体。这看起来很遥远，实际上不遥远。因为在新的逻辑之下，做智库也好，做本土咨询公司也罢，只有先走出来这条路，才能决定中国是否可以崛起，如果核心数据和资金都不在我们手中，中国发展受到的威胁性就很大。

新经济对咨询业的反向推动

中国的咨询业是同中国的企业共同成长的，第一代是“四方联”，第二代是BAT，第三代是TMD（分别指今日头条、美团和滴滴），第四代是TKPQ（即抖音、快手、拼多多和趣店等）。从当前新经济爆发成长的趋势来看，流量和网红价值是引起爆发性成长的关键点。另一个关键现象就是流量下沉，意思就是一线城市的事下沉到二三线爆发，一爆发就是很大的量，而且这个玩法套路是中国领先，不是美国领先，这个下沉的过程也远远高于西方和日本。2018 年日本《读卖新闻》想和我们合作，希望长城所去日本搞一次独角兽发布会，中关村84 个独角兽，日本全国才 3 个，这说明了之间的差距确实很大。在新经济的层面上，中国是超过美国的，而且只有中国动力最强。

同时新经济带来了很多观念和思维的变化。工业经济咨询更多的是思考战略和管理，新经济时代的关键点是创意、治理和管理。管理变成第三位的，而治理的地位上升了，公司任何创意的实现都跟治理有关，创意永远领先，围绕创意才能进行有效治理，最后的小事才是管理。这种变化是根本的，所以也带来了有效的方法论。比如长城所在 2015 年时提出了“创意驱动三方法”，但是到 2017 年就过时了。后来我们又提出了“新经济三方法”：叫作机会论、生态论和爆发成长论。曾经管理咨询是帮助客户提高 10% 的成长，但是现在完全变了，现在是要帮助客户爆发性增长，最主要的事是怎么去抓机会、做生态、搞平台，才能实现爆发性成长。

新经济时代咨询业要更新打法

现在创业起始阶段就能得到 1 个亿天使投资的企业，我们称为“哪吒企业”，原本以为数量不多，结果大数据一挖挖出 300 多个。在这个所谓资本寒冬的局面，大投资却越来越多，独角兽也越来越多，而且这些企业都是属于新经济的范畴，不是在传统行业中。现在美国遏制中国的领域基本都是在传统领域，所以实际上对中国新经济企业的影响并不大，在这个过程中崛起的也正是这些新经济企业，数量在全世界也占到了一半。我们咨询业也要考虑国际名声，中国的国际名声原来总是和腐败和外资这些不健康的东西挂钩，现在要和新经济挂钩，要探索全世界新经济的发展前沿。

如今重点探索微咨询平台化，在科技上的投入要更多，其次是场景和赛道。大数据支撑的48 小时生产初期咨询小报告，微咨询也为我们带来一个爆发成长点，今年我们就要彻底做新套路、新玩法。对咨询业来说，只会做项目，这是最容易的，现在我们开始做微咨询，在新的模式下，走新的套路。

在大数据方面还要向袁岳学习，在一高新区做创新创业大数据平台，提供具体的咨询方法。对于咨询业来说，新的机会要能发现几个引领全球的大企业，有搭平台的，也有跟平台走的，我们要到后台去。这里最核心的还是平台，大数据都是依托平台才能起作用。第二个是生态，能够引导所谓的带货流量，做下沉才能找到很大的爆发点，要下沉到三线中去，建设的规模很大，爆发性就很大。

【相关链接】

中国企业管理的四大时代

发达国家已经走过了上百年的市场经济道路，形成了一整套成熟、科学的企业管理模式，创造了丰富的企业管理理论。引进和学习西方先进的企业管理理论和方法，是我国经济多年来保持持续快速健康发展的重要因素之一。有专家指出，40 年的中国企业成长，简而言之，前 15 年是向日本学管理，后 15 年向美国学战略，近 10 来，中国企业在很多领域与世界同步，相互学习、不断创新、砥砺前行!

40 多年前，中国制订了以市场换技术、换管理经验的经济开放方针，由此而形成了自1993年以来的第一波跨国公司投资热潮。但是，在技术、工具层面的学习并没有取得很好的效果，跨国公司仍然在向中国转移尖端技术方面保持警惕；同时，有限的转让技术也早已失去保护的价值。而今，中国企业终于从学习西方技术过渡到对西方管理思想的全面借鉴，一场“全盘西化”的改造运动正在更多的中国企业里兴起。

中国企业把日韩企业作为学习标杆有一定的必然性和合理性。日本在第二次世界大战后重新崛起，到20世纪80年代中国走改革开放之路时，已成为全球仅次于美国的第二大经济体，而且形成了以丰田、索尼、佳能、松下等为代表的跨国公司群体；韩国紧随其后，在80年代实现经济起飞，且韩国也形成了三星、LG、现代等具有世界竞争力的跨国公司。

20世纪90年代以后，日本经济低迷期，而美国公司大量进入中国，如互联网、美国文化、迪士尼等，很适合中国快节奏的生活，还有美国的创新文化，深刻地影响着中国一代年轻人，影响了一代企业家，包括中国的商业模式、公司制度。现在从整个世界角度看，中国最像美国，除了政治体制以外，像公司架构、人的观念都很像美国。

中国企业管理理论应该有源自于中国本土企业管理的历史和现实的理论。目前从中国企业管理理论的发展现状来看，尚未形成中国企业管理的一般理论。其原因在于，中国企业管理理论应该是关注于中国自身的特点，由于金融体系、政企关系、产业组织、劳动力状况和劳动管理制度、生产过程控制的不同，中国的企业管理具有别于别国的特点。但是，目前，仍然鲜有强调中国特色的一般管理理论。

40年的中国企业管理史毫无疑问是一部变革的历史。

40年的商业史，尽管被视为“机会主义”过度盛行的商业实践，但无疑，中国企业也一直在追寻标杆，而这些标杆的认定，其实背后都存在着对价值和能力的认定：从盛田昭夫到韦尔奇；从科特勒到波特；从日本制造，到美国世纪，到韩流……但本土公司都没能决定性地成为其中任何一种类型。

回顾40年中国企业管理脉络，大致可以分为4个阶段。

（1）启蒙时代（1978—1991年）：在这个时代中，企业关心的是生产产品，在管理上开始追求质量，这个时代又可称作质量时代。

（2）模仿时代（1992—2000年）：在这个时代中，跨国公司开始全面进入中国，中国企业也开始全面学习国外管理经验，而此时企业更为关注的是如何把产品卖出去，这个时代又可称为营销时代。

（3）赶超时代（2001—2010年）：随着2001年中国加入WTO，中国企业面临着更为严峻的国际化竞争，在这个时代，做正确的事似乎比正确地做事更为重要，这个时代又可称战略时代。

相应的，中国企业管理从上世纪末的“引进吸收”阶段步入如今的“消化创新”阶段，在从过去的“英雄权威”开始走向“制度权威”；企业运作也正在从“感性发展”走向“理性引领”，从“经营导向”转向“战略导向、文化导向”。2010年，中国国内生产总值（GDP）为39.80万亿元。这意味着中国年度经济总量首次超过日本，成为世界第二大经济体。

（4）创新时代（2011年至今）：中国经济改革进入新时代，进入新的领域、新的层次。如何推动中国企业的高质量发展？如何推动先进制造业和现代服务业深度融合，坚定不移建设制造强国？如何促进新技术、新组织形式、新产业集群形成和发展？如何增强实体经济与虚拟经济的融合？如何增强制造业技术创新能力，构建开放、协同、高效的共性技术研发平台？如何健全需求为导向、企业为主体的产学研一体化创新机制？如何加大对中小企业创新支持力度，加强知识产权保护和运用，形成有效的创新激励机制？……持续创新，成为不二法门！

40年来，中国的企业管理一直处在错综复杂的变化之中，从向市场经济转型到加入WTO，再到新全球化所面临的挑战，传统管理与现代管理相互渗透和交错，而今，我们又面临着工业4.0、数字化、智能化时代全新的管理规则的挑战，既要补课，又要创新；旧的还没打破，新的尚未建立，中国企业的管理正处在一个新的起点上……

这不是一个40年旧事的梳理罗列，而是用未来视角对过去的重新审视；

这不是一个有关企业和商业的庞杂演义，而是专注于管理的系统扫描；

这不是一个个揭秘，也不是一个个传奇，而是看似平淡却蕴涵力量的管理实践；

这不是要破译奇思妙想，而是要寻找管理运行的大道与规律。

2014年10月，在中央全面深化改革领导小组第六次会议上，中共中央总书记、国家主席习近平同志提出要“把中国特色新型智库建设作为一项重大而紧迫的任务切实抓好”。会议审议通过的《意见》提出了中国特色新型智库建设的指导思想、基本原则、总体目标和改革思路，对中国智库事业发展做出了全面部署。

2019年年底，有关中国咨询业未来发展的重大议题更是得到中央和政府有关部门的密切关注，我们有充分理由相信，2020年，在习近平新时代中国特色社会主义思想指引下，中国咨询业的发展将开启一个新的时代，广大中国咨询业的从业者将有新的作为，并与其合作伙伴一起，开启新的篇章！

管理四阶段

阶段	找——启蒙时代	抄——模仿时代	超——赶超时代	创——创新时代
别称	质量时代	营销时代	战略时代	创新时代
年代	1978—1991	1992—2000	2001—2010	2011—
背景	改革开放以后，计划经济与市场经济并存	1992年小平南巡讲话之后，一批党政干部和知识分子下海经商	随着互联网的发展，出现了一批以“海归”人员为主的专家型企业家	新一轮创新创业群体的涌现，以BAT为代表的互联网企业的创新与垄断，实体经济突围与创新

阶段	找——启蒙时代	抄——模仿时代	超——赶超时代	创——创新时代
时代特征	产生于计划经济与市场调节相结合的混合经济体制下，掌握了一些新产品和新技术，实现了从小生产到大市场的转变	产生于中国市场经济日益完善、经济高速增长的背景，引导企业走向高技术领域和工业现代化	这批企业家可以说是战略思维的实践者，同时，也是21世纪“新经济”“网络经济”的推动力量	“互联网+”、工业4.0、智能化、网联化、大数据、全球化、“一带一路”、大众创业、万众创新、中美贸易战、环保、知识产权
方式	他们依靠“低成本制造优势”取胜，其发展模式可以概括为“制造天下”	他们以现代企业制度的形态建立、开创了一大批广义的服务业企业，但真正的影响仍未完全发挥	“数字英雄”般的第三代企业家（互联网公司的“海归派”），对中国企业最大的贡献就是引进了最核心的两个制度：创始人制度（founder）和期权制度（option）	从技术创新，到模式创新、到管理创新，模式，从金融的推动，到全球化的布局，平台化、网络化、无边界组织的实践……
代表人物	王石、张瑞敏、柳传志	陈东升、冯仑为代表的“92派”企业家	沈南鹏、陈天桥、江南春、马云、丁磊、张朝阳、李彦宏等	有任正非、马化腾、李彦宏、马云等，也有一大批创新创业群体
群体特征	正规知识教育比较少，面临体制风险	很多大学生，甚至研究生，有政府的背景，统揽全局的能力比较强，主要面临市场风险	多在国外接受教育，熟悉新技术发展，懂得国际资本运作，更有国际视野	多在国外接受教育，熟悉新技术发展，懂得国际资本运作，更有国际视野
企业家类型	总工型	总裁型	股权型	科创型/领袖型/专家型
产权制度	企业基本戴“红帽子”	企业开始改制，注册私人企业	产权治理结构比较正规	价值网络

4

挑战

原国家工商局党组书记、中国科技咨询协会第一届副理事长杨培青（左一）和第二届中国科技咨询协会理事长施祖麟（右一）听取会员意见

直面变革：中国咨询业的机遇与挑战

在这个急剧变化的时代，很多传统咨询人赖以生存的手段，似乎失去了作用：塑造出品牌，却没有足够的传播空间；设计出精细化的营销方式，却苦于利润微薄难以有效执行；把握住了市场方向，却因为大环境的突变难以持久。

虽然在可预计的几年内，咨询行业仍可以维持稳定增长，但“颠覆咨询行业的时机已经成熟”已经基本成为业界共识。未来，咨询业务模式可能面临翻天覆地的变化，而最主要的驱动力就是数字化。

如何理解2020年全球环境的变局？如何理解数字化生存的底层逻辑？如何界定企业发展的责任？以何种认知迎接未来？已然摆在我们的面前。

数字化时代的到来，一方面将IT化、SaaS化、移动化、智能化快速地融入行业，让一些行业实现了蛙跳式的发展；另一方面随着数字技术渗透到人们的生活之中，社会化、互动化、透明化、娱乐化也迅猛地影响着每一个人，让人们愈发产生焦虑和不安。

我们感受到，今天的数字化变化在中国的加速度和影响，已经比全球其他任何地区可能都快，因此，中国企业更需要去理解智能商业的意义与价值，而这也是2020年与以往不同之处。

对于今天的全球市场而言，人们用了“百年之未有的大变局”来形容，这既是一种巨大的挑战，也是一种巨大的机遇。这完全取决于我们以什么样的认知能力去驾驭。认知代表了一个人或者一个企业对外部环境、对产业格局、对市场与变化的思维框架。数字化时代需要我们从改变认知开始，因为沿着旧地图找不到新大陆。

传统咨询成长实践过程与社会性认知的局限，呈现我们不愿意看到的，在项目成功策划后的光鲜背后而出现的社会与经济、产业与商业、生活与环境、事件与道德的哀伤与窘态。以往的咨询项目，我们的参照系与理论是什么？一个策划案例，一个战略规划，社会价值的锚定又在哪里？

时下，中国已到又一个十字路口的选择中，咨询业者何去何从？做社会文明进步的推动者，咨询业者应自重与自身重塑，方有资格再重谈新航程的辅导与引领。

不论国家这条大船往哪个方向行，咨询业者是否应该重新反思，在社会巨变中的咨询业者，应该如何认知与思考以往，又如何准备与再次起航。

传统咨询业的变革突围

一位咨询从业人员说道：在很多人眼里，咨询公司很长时间以来一直在做的不过是在贩卖知识/理论落差，在信息流动受阻的时代，咨询顾问们通过为行业内不同客户提供咨询服务，逐步成为唯一掌握行业内多个企业信息、数据、实践的组织……这些他人无法获取的信息与知识，就成了咨询公司不断赢取新单的有利资本。然而，在这个愈加开放数据/知识的时代，咨询公司已经被从知识垄断的宝座上拽了下来……各种数据调研公司、商业资讯媒体，乃至知识工作者个体都参与到知识与信息的生产、消费之中，并促成了被称作“知识民主时代”的到来。在这样一个时代，掌握信息本身的重要性已经大大降低了。

20 年来，国内咨询业从无到有，再到药效退散，归结起来其实就 3 点。

首先是如罗兰·贝格（Roland Berger 创始人）所言的信息不对称逐步消弭。他直言咨询业得以崛起正是市场不透明的功劳。客户得不到直接及潜在竞争对手、技术、消费者的信息，而如今信息提供的角色已经被互联网替代。高度透明（相较于之前）的信息传递降低传统咨询门槛的同时，也让鱼目混珠的咨询公司加入进来。

其次，由信息趋于对称所导致的第二个问题是“生产工具”“理论武器”大面积普适后的失效。近10年来，国内MBA课程井喷，咨询公司所仰仗的“先进理论”不再稀奇，反倒是所处专业领域的客户掌握了生产工具后，对咨询公司百般挑剔。也难怪沃顿商学院教授罗素·林肯·艾克夫退休时自嘲，商学院的成就是给人一套术语，让他们可以很权威地谈论自己不懂的话题。

最后一点，也是最重要的一点，在于咨询公司越来越难对咨询结果负责。这一点直接导致企业不愿意再为动辄成百上千万的咨询费买单。该现象背后的原因在于，中国商业组织日趋成熟，且拥有了符合中国特色的发展路线。20年前，麦肯锡可以为平安保险、中国人寿这些巨无霸设计组织结构和薪酬体系，因为后者对此不甚了解。20年后，能请得起咨询公司的企业，基本都有相对完善的体系，并且实现了一定的经营规模。对这类公司进行大刀阔斧的改革难于登天。

移动互联网时代炮制了“新、平、快”三招，传统咨询业首当其冲。

1. 新：在互联网的冲击下，传统咨询业亟待转型升级

移动互联时代，大数据、物联网、云计算等技术应用的日新月异，对传统咨询业服务方式也提出了更高的要求。市场调研过去用的是访谈、问卷调查等手段，而现在，爬虫抓取、海量数据的量化分析已成为标配。如何快速掌握新技能、新工具，对大部分咨询从业人员来说都是巨大的挑战。

互联网的本质就是创新，这让咨询业没有办法依靠行业经验。传统企业转型正处萌芽阶段，过去的行业经验明显无法利用。即便摸索出一条路子，新的经验也需要时间沉淀，才能加以利用。万一天色一变，一场风雨过后，后面的人已经没法按着原来的模式去走。企业也往往并不

满足于跟随别人的步伐，追求另辟蹊径，“弯道超车”。

2. 平：世界是平的，传统咨询业不再拥有信息垄断优势

首先是信息不对称逐渐消失。你可以通过百度、知乎轻松地了解任何一个概念；无数的资讯平台，能在2小时内把地球另一边最新鲜的资讯送到你手中。无论是免费渠道，还是现在越来越盛行的付费内容，人们获取资讯、信息、知识的平等程度大大地提高。过去传统咨询业引以为傲的方法论、稀缺资讯，以前是稀缺品，而现在已经是平常人家桌上菜。

同时，浓厚的商业气氛驱使下，商业教育大大地普及，更是让大部分人都能掌握知识工具。原来咨询顾问价值3000元一小时的一对一面谈，可能还只能让你一知半解，现在在家看视频都已经能让你拍案叫奇。

3. 快：传统咨询业只擅长抽丝剥茧，而互联网则需要快刀斩乱麻

互联网时代，不是大鱼吃小鱼，是快鱼吃慢鱼。很多APP每周迭代更新，才能捉住机会抢占市场，过了窗口期，便很难再有机会把已经养成习惯的用户抢回来。如果还按照访谈、问卷调查、焦点小组的整套流程来做产品调研，项目没做完产品可能就先死掉。要快刀斩乱麻，要切实可行，要立竿见影。而传统咨询业偏偏只擅长抽丝剥茧，由表及里，再用理论指导实践。

传统咨询业的危机是否说明当下的企业不存在问题了呢？显然不是！在VUCA（复杂、多变、模糊且充满不确定性）变革时代，企业存在大量的问题。而受制于组织体制以及人才局限，仅靠自身的能力无法解决。如何真正帮助企业解决问题，升级管理咨询方法论，成为有意义的研究主题。

传统咨询方式存在的问题

我们常听到这样的说法，大数据取代了消费者形象素描，互联网取代了传统渠道。在这样的时代，传统咨询有着先天的不足，已经不被市场需要，老一代咨询人到了该谢幕的时候了。

诚然，在这个急剧变化的时代，很多传统咨询人赖以生存的手段，似乎失去了作用：塑造出品牌，却没有足够的传播空间；设计出精细化的营销方式，却苦于利润微薄难以有效执行；把握住了市场方向，却因为大环境的突变难以持久。

随着市场环境的变化，企业开始迷茫，无论什么商业模式，什么产品理念，最终都是一将功成万骨枯，成功越发难以复制，失败越发难以总结。刚刚被认为是正确的商业模式，转瞬之间就被证伪。

企业无限迷茫，从表面来看，驱动企业找咨询公司的大多是这种迷茫。在这个时候，企业抓不住问题的重点，是品类的选择？是产品的竞争力？是品牌的打造？是品牌的传播？是企业文化的塑造？是“90 后”员工潜能的开发？是现代化管理的导入？是互联网工具的导入？

在这个时代，企业其实是要解决更多的问题，却仍然幻想只解决那些容易解决的问题，可惜每一个选项似乎都难以一眼看到美妙的前景。简而言之，患者不愿或无法与你确认病情，你又如何谈得上是否有能力医治？这便是咨询公司目前主要的困惑。

以前，客户有方向，我们更多地专注于战术方面的设计与执行，并且把实战能力当作我们最大的资本。

但在这个客户普遍迷茫、缺乏方向的时代，作为一家咨询公司，同样重要的是战略视野，是对混沌的市场中纷繁复杂问题的梳理能力，是对市场机会与雷区的预判能力。

由于当前中国经济处于结构化调整转型时期，咨询行业的需求侧与供给侧也随之进入了新的调适期，咨询行业作为供给方，其产品跟不上客户的需求，靠原来传统的方式做咨询，存在两个具体问题。

一是供给侧的要素投入低。导致的结果是供给方的咨询人均效率低，咨询投入的效果比较差。咨询行业目前仍未摆脱求生存的阶段，在咨询产品研发、人才、技术创新上的投入不足，各咨询公司提供的咨询产品与服务同质化，形不成差异化，更谈不上核心专长与技能。就导致同行业打价格战，真正招标时大家可能拼的是价格。

二是供给侧的产品品质不高。这是价格战的直接后果，由于拼价格，导致人均效率低，待遇低，留不住高素质人才，供给侧就降低了服务品质。价格太低，人才素质不高，激励不足，服务质量就很难保证。咨询业的良性循环应该起始于供给侧品质的提高，如同其他产业一样，必须颠覆物美价廉这一传统的观念，应该去追求的是质优价优，求得性价比最高。只要产品好品质好，技术含量高，就应该优质优价。

任何产业存在的根本理由在于为客户创造价值。管理咨询业出现危机的根本原因就在于为客户创造价值的大幅贬值，而这一点又源自于传统咨询方法论的落伍。

华东理工大学商学院工商管理系教授、中国行动学习研究中心主任高松认为这主要体现在以下几个方面。

1. 咨询方案不接地气

传统管理咨询公司本质上是一家标准化的产品公司，它的产品就是管理工具箱与案例数据库。事实上，管理咨询公司就是售卖这些管理工具与案例的公司。在经营环境相对稳定的历史阶段，对于一个发展期的中国企业来说，对标全球同行业的领军企业，掌握这些工具方法系统分析自身情况，还是有一定作用的。然而，在商业环境愈加动荡的当下，管理的情景是复杂的与个性化的，每一个企业的情况都不相同。因此，试图将适合大公司的管理模式僵化地照搬到发展期的企业，这就如同刻舟求剑，一定不会有好的结果。2010 年实达集团接受了麦肯锡公司所做的市场营销方案，进行“千人大换岗”，但是项目的实施只进行了 5 周就被迫终止，实达又撤回到旧体制。这个项目半途而废伴随着实达长达半年的经营和效益大滑坡。

2. 封闭组织生态下的专家匮乏

咨询公司会辩解说每个项目都是个性化定制的。然而，如果咨询公司需要针对客户企业的实际情况拿出个性化的解决方案，就需要真正的专家操盘项目。这样的专家首先应当是问题专家。如果解决的是战略问题，那就应当是战略专家。如果是运营问题，那就应当是运营专家。其次，这样的专家还应当是行业专家，他应当对客户所在行业的发展情况非常了解，对标杆企业的做法非常精通。再次，他还应当是实务专家，能够迅速理解与洞察客户企业组织与生态，帮助企业找寻最切合企业实际的方案。很显然，这样的专家几乎不存在！传统咨询公司的实际做法是让少数资深的合伙人做客户的猎取工作，而真正的项目实施者是项目经理及项目顾问，而这一层级的经理顾问大多刚刚离开校门，普遍缺乏企业实务经验，又不是行业与问题专家。他们唯一能做的就是套 PPT 模板，不认真的甚至连客户名称都忘记改了。怎么能够指望他们做出真正符合客户实际的方案呢？这是传统咨询公司无法超越的问题。

3. 探索无人区的困境

于是，传统咨询公司只能靠所掌握的知识工具箱打天下。然而，不幸的是互联网时代来了，知识更新速度加快，全新的管理模式与方法层出不穷。在这一轮管理模式的变革潮流中，企业界走在前面，不是管理咨询公司走在前列。例如，海尔的张瑞敏提出了人单合一、“企业平台化 + 员工创客化”的全新管理模式；韩都衣舍成功尝试了小组制的实践；谷歌、全食超市尝试了管理组织网络化与去中心化的模式。正如任正非所言，许多中国企业已经进入无人区，处于领先地位，已经没有标杆可以学习，结构化的管理工具与知识的价值自然大打折扣。

4. 方案到落地的咫尺天涯

咨询公司为客户创造的真正价值是什么？是给一套花里胡哨的 PPT，还是真正为企业解决问题？我相信任何业内的从业者都会毫不犹豫地选择后者。然而，在现实中，咨询公司给客户最终的交付成果是咨询方案与报告。至于这个报告能否真正落地实施，咨询公司是不负责的。当客户拿到这份报告，如何将它落地，真正解决自己的问题，又会面临多重困境。首先，方案是否符合企业的实际？仅从表面上看是很难做出判断的，而一旦落地实施就面临失败的风险。如上文提到的实达集团的案例就是典型。其次，即使方案好，但是在实际落地的时候也会出现各种各样的问题，需要对方案进行调整与修正，这个事谁来做？再次，企业内部执行者对方案能否理解？理解了是否认同？经常出现的情形是企业内部执行层与咨询公司是对立的，他们认为自己拥有丰富的行业经验，咨询公司的方案华而不实，这样的心态去实施项目必败无疑。

5. 作业模式有违敏捷原则

管理顾问公司的作业模式拖沓冗长，这与企业需要迅速解决问题之间产生矛盾。在接到客户委托之后，管理顾问公司一般会组织一个项目组进驻客户公司。从调研、访谈到制作方案项目结题，往往需要 3 个月到半年的时间。这样冗长的作业模式与企业解决问题的迫切性产生了明显的矛盾。经常出现的情况是咨询药方还没有开好，企业的问题已经转变了，又出现了其他的症状。此外，这样的作业模式耗费大量的人工，项目小组动辄 3 ~5 人，在项目结束之前不得不常驻客户公司。客户看到有人驻场，就安心了。可事实上，工作效率很难真正提起来，造成员工工时的浪费。在人工越来越昂贵的今天，咨询项目的成本会虚高，性价比下降。

传统咨询业的危机是否说明当下的企业不存在问题了呢？显然不是！在 VUCA 变革时代，企业存在大量的问题。而受制于组织体制以及人才局限，仅靠自身的能力无法解决。如何真正帮助企业解决问题，升级管理咨询方法论，成为有意义的研究主题。

咨询业正在面临颠覆?

咨询业的传统客户正面临节奏越来越快的变革，如果咨询机构无法跟上这种变革速度，它们就将遭受毁灭性打击。如果你是咨询公司管理团队的一员，并且对颠覆持乐观态度，请扪心自问：你所属机构的变革速度能赶上你最挑剔的客户吗?

（1）从客户需求看驱动咨询业变革的因素。

①客户希望更快速的项目交付。

②客户期望项目期更短、价值更大并可重复利用。对于咨询顾问而言，需要更快速响应客户需求，而且交付给客户能带来确切结果的咨询建议。

（2）客户希望咨询顾问了解其客户。

这对咨询顾问的知识储备带来较大的挑战。

（3）日益增多的复杂全球变革。

这些全球变革往往要求客户具有全球一致的系统、组织和流程，对于咨询顾问的要求更高，在执行此类变革项目的时候需要考虑的因素更多。

（4）监管变化的影响更大。

①对于全球性的企业而言，客户在不同的业务所在地需要更加本土化的建议，而且大型客户的不同业务活动也需要不同类型的咨询建议。

②哈佛商学院教授克莱顿·克里斯坦森（Clayton Christensen）通过他的"颠覆式创新"理论给出了这个时代所需要的答案。作为全球50位最具影响力商业思想家中位列第一的学者，极少有管理学家能够像克里斯坦森那样，改变如此众多公司的决策和产品研发的进程。"颠覆式创新"理论不仅影响了如乔布斯、比尔·盖茨和安迪格鲁夫等多位全球顶尖商业领袖，更在全球范围内被证明是企业推动创新和驱动增长的最有利的武器。

那么到底什么是“颠覆式创新”理论？总体而言，颠覆式创新理论是指：一个相对简单、初级且价格低廉，但能够创造全新市场和价值网络的创新，最终将颠覆既有的主流市场及其价值网络。而这一创新的驱动者，最终也将替代既有的市场领袖，成为新的市场主导者。

对于“颠覆式创新”理论的价值，最值得称道的莫过于 Intel 公司创始人安迪格鲁夫先生基于这一理论，推出了难以置信的赛扬处理器，并在低端市场取得了巨大的成功。当然“颠覆式创新”不仅影响了以技术为基础的制造业，也深刻影响着服务业。尤其是 2013 年克里斯坦森教授发表的《颠覆咨询业》一文，更是对长期以来一直免于颠覆式创新威胁的咨询业提出了警告。在文中他认为颠覆式创新将对咨询行业产生 4 个方面的深远影响。

—— 趋势 1 整合：咨询业未来将发生行业整合。

—— 趋势 2 颠覆：咨询公司将对最大、最有利可图的客户展开激烈争夺，但真正的颠覆将从小客户和新客户开始。

—— 趋势 3 融合：传统专业服务之间的界限将逐渐模糊，并将带来全新的跨领域商业机遇。

—— 趋势 4 技术：大数据技术已经兴起并进军咨询业，未来将持续影响咨询顾问的工作和他们创造的价值。

咨询业会被“颠覆”吗？

高风咨询公司董事长　谢祖墀

克里斯坦森教授所说的战略咨询项目在传统战略咨询公司的比重已大幅下降。我不知他的数据可靠程度有多少，但我觉得假如他们将问题变成“与 CEO 议程（CEO Agenda）相关”的咨询项目比重在传统战略公司有否较大的改变（下降），我想答案会是一个大的 NO！

在某些所谓咨询公司的掌权人心目中，他们以为一家咨询公司能否持续成功主要通过规模和工业化。亦即是规模要大，资源要多，而赚钱的最有效方法就是以工业化的手段提升效率。

某些以会计出身的“咨询公司”以为收购了“战略咨询公司”可以让它们在客户心里的定位提高。当然，这些想法不能说完全没理，但它却并不是完全有理。规模和效率是好的，但它们却不是咨询的核心。作为一家综合性的咨询公司（general management firm）不能太小，但也不一定是“越大越好”。一般来说，能达到某种“临界规模（critical scale)”就可以了。至于效率方面，咨询公司做事当然应该要有效率，但却不能为有效率而忽略了咨询工作的质量和为客户产生的影响。

规模、效率、工业化在一个比较固定、静态的商业环境可能还有点存在之道，可是全球的商业环境已经进入了一个新的“新信息时代”，商业环境正在发生巨大和急速的变化。许多所谓的市场的原则和真理正在遭受多方面的挑战。企业家们一方面对未来的机会很有憧憬，但同时亦非常困惑和不知如何是好。许多企业家们都需要内、外界高手协助。好的咨询公司和咨询顾问必须具备在此种大环境下为客户们解决他们最重要、最棘手的问题的能力。这需要真正的思想领导者（thought leaders）和难题解决者（problem solvers），而这些能力并不是一般只顾规模、效率、模块化和工业化的咨询公司所能做到的。

全球咨询机构正处在咨询业颠覆的初期，没人能肯定未来会发生什么，毕竟颠覆是一个过程，而非独立事件。颠覆也并不一定意味着整个行业的消亡。但我们相信，颠覆性创新将给咨询业带来以下 4 个方面的影响。

（1）咨询业未来将发生行业整合，尤其是针对行业中的一线咨询公司。强者更强，弱者会被淘汰。要在竞争中取胜，公司要充分理解：它们的客户正面临不断增加的竞争压力。它们需要通过透明的服务和新技术来满足客户的新需求。

尽管颠覆正不断发展，但一些核心的咨询工作仍将存在，特别是那些跨行业、跨地域的复杂问题，它们需要特别订制的解决方案。就像在法律服务业，当客户面对“孤注一掷”的战略问题时，他们依旧需要花重金雇佣顶级律所。其中原因很简单，只有顶级机构的分析结果能让董事会放心。未来仍旧只有这些机构能解决最为复杂和棘手的问题，并推动解决问题所需的管理变革，当然它们仍将收取高昂的咨询费。

凭借精益的商业模式和新技术，颠覆者将逐渐向上层市场移动，涉及战略解决方案的项目会不断减少。为了赶上咨询服务产品化的浪潮，咨询机构需要部署人力、品牌、技术和财务方面的资源，以应对日趋复杂的客户问题，并开发出更多的专利知识。咨询业兼并和收购活动也将逐渐增多，因为有些机构没有变革必需的资源和耐力，另一些机构意识到要通过收购获得某项能力，以适应未来的变革。

（2）行业领导者和观察家都喜欢关注那些最大、最有利可图的客户，咨询机构也对它们展开争夺，但真正的颠覆将从小客户开始（包括已经雇佣咨询公司的客户和那些全新的客户）。

这是因为所有行业的颠覆都是从底层市场开始，咨询业也不例外。当传统咨询机构把火力集中在大客户上时，它们的中小公司市场成了不设防的阵地。

（3）传统专业服务之间的界限将逐渐模糊，这会带来全新的商业机遇。模块化的最大阻力是专业服务之间的相互融合（如法务与管理咨询）。那些抢先提供跨领域解决方案的机构将分得未来份额最大的蛋糕。

例如，IDEO 公司打通了工业设计和创新咨询两个领域。其团队具有独特优势，能解决跨领域的问题，竞争对手很难模仿。Axiom 公司的业务也不仅仅局限于最初的提供临时律师服务，它现在会为企业法律总顾问提供实质性的建议，帮助它们在保持法务质量的情况下降低成本。为了支持新业务，如今 Axiom 公司部署了一个由律师、管理咨询顾问、工作流专家和技术人员构成的混合团队。通过跨领域服务和不可拆解的服务模式，这些公司正有效地应对专业服务的模块化（值得注意的是，IDEO 公司正在进行自我颠覆，它推出了 OpenIDEO 网络平台，利用众包的方式解决问题，替代了传统咨询顾问的工作。尽管目前该平台主要专注于解决社会问题，但我们可以预见它在商业环境下的应用）。

另一个跨领域服务的范例是四大会计师事务所，它们已扩张至多个专业服务领域。根据《经济学人》在2012年的一篇报道，德勤的咨询业务正快速发展，速度远超核心会计业务的增长。按照这种节奏，德勤的咨询业务将在2017年超过会计业务。在2002年的萨班斯—奥克斯利法案和其他金融改革出台后，其余三大巨头也开始进军利润更高的管理咨询领域。不过它们会创造颠覆性的商业模式，还是模仿传统公司的业务，目前我们还不得而知。IBM和埃森哲也正致力于成为“全服务提供商”。

对于业内的传统公司，这种隐藏在竞争领域之外的威胁更令它们坐卧难安。当传统公司意识到跨领域竞争的威胁时，它们往往已经无力回天。

（4）数据分析和大数据技术已经在很多行业中兴起，现在它们开始进军咨询业，未来它将持续影响咨询顾问的工作和他们创造的价值。像成本分析和定价分析这种咨询工作已经实现自动化，并逐渐从外包变为由公司内部完成。

我们相信，预测分析技术和自动化一定会随着时间变得越来越完善。此外，对于所有透明度较低的行业，大数据分析技术将让所有竞争参与者回到同一起跑线。它带来的速度和可量化成果会削弱，甚至完全消除传统公司的品牌优势，为新兴企业发展扫清障碍。因此，大数据技术可能会助推新兴市场咨询机构的崛起，如印度的塔塔和Infosys。

新技术已经带来了颠覆。大数据公司Beyond - Core现在已经可以实现大规模数据的自动化评估，取代了原先由初级分析师完成的工作。市场情报公司Motista使用预测模型和软件来分析消费者的情绪和购买动机，并且它们的价格远远低于传统咨询机构。尽管这些初创公司还缺乏名气和品牌影响力，但它们已经撬开了《财富》500强公司的市场（由于它们的服务与传统公司形成互补，大公司会要求顶级咨询机构与它们平等合作）。

为了满足企业新的需求，必然要求中国的管理咨询机构调整原有的咨询模式，建立新的咨询理念与方法。管理咨询的根本目的是帮助企业实现持续稳定发展，并最终实现企业的战略目标。

咨询行业面临的机会和挑战

华夏基石产业服务集团 CEO　张文锋

中国经济正面临几十年未有之变局。我跟很多企业说过这样的话，企业能从零干到几十个亿、几百亿，不是你干得有多好，而是因为中国经济在高速增长。正如华为之所以成为通信行业的领袖，首先不是因为华为干得有多好，是因为这个行业正处在爆发式增长的历史时期，阿里巴巴的巨大成功首先也是因为中国互联网和移动互联网本身具有爆发式增长的巨大潜力。只有大的市场才能成就大的企业。

中国企业现在走向了逆周期，咨询行业也处在一个逆周期。在这样的时期，会有两个现象同时产生，一是产业集中度会大幅提高，二是区域经济集中度大幅提高，这也是最近我在给一些头部企业和一些政府机构讲课时提出的核心观点，企业家们基本上都同意我的这个观点。

这两种集中度的提高会同时给企业带来机遇和挑战。原来，因为经济高速发展，所以产业形态呈现分散化，大家各有各的优势，各有各的生存空间，行业第一名占不到市场份额的5%。但这个时代已经结束了。在未来5~10年，任何行业都会呈现一个寡头经济的阶段，排名第一的企业可能会占到50%的市场份额，第二名占20%，第三名占百分之十几，剩下的企业要么被产业淘汰，要么成为被别人生态化的企业。

我一直在想，华夏基石未来是会创造一个生态，还是我们被别人生态化？我们今天坐在这里，明年我们还有没有机会坐在这里？未来我们还敢不敢喊出来“世界的华夏基石”这样的口号？所以我们时时刻刻战战兢兢、如履薄冰，你现在能生存，不代表你未来能生存。

令我们最担心的、带来威胁最大的有哪些内外部因素？不开放，则无法形成基于团队合作的长板效应，单打独斗，吃光分光，这是我最担心的，这也是我看到的一个行业观察者的分析，他认为这样的行业作风会葬送中国的咨询行业。虽然不同意他所有的看法，但我同意他的结论。

大多数咨询公司都是以一个一个的小团队来完成组织运营的，这种组织方式最简便，但它造成了各团队之间的割裂。现在企业需要的咨询服务已经变成了一个系统性、复杂的咨询工程，你要懂管理，还要懂产业、资本、土地等，我们哪一个团队和专家能够拥有所有这些核心能力呢？我不认为会有，起码我做不到，我只会我专长的东西。

所以在这样的时期，我们一定要形成开放性的团队合作，一定要发挥出基于团队紧密协作的长板效应，你有你的专长，我有我的专长，我们加起来，1+1+1=111。我2019年6月去意大利讲课，罗马大学有个教授听了之后，第二天非要找我，他问：为什么1+1+1=111，不等于3？我跟他讲了这个道理，只有分工协同、团队合作，才能提高每个团队的工作效益。

第一个因素，是来自跨行业进入者构成的机会和威胁。我一直认为，未来超越华夏基石的不是咨询行业的某个公司，能够颠覆这个行业的是行业外部的潜在进入者。比如华为、阿里巴巴，比如平安、复星资本，如果它们都能从外部给客户一个完整的解决方案，构建一个完整的生态，那么这样的企业才是我们真正的竞争对手。我们平常能看到的对手其实是一些小鱼小虾，真正潜在的对手是更具实力的大家伙。

因为我们正在做一些产业上的布局，我们可以看到在不同的层级，竞争格局是不一样的，真正的对手不会来跟你做单纯咨询业务上相应的竞争，它的咨询可以根本上就不收费。比如现在麦肯锡就是这样做的，它说我们不收企业的咨询费，我们跟企业共享成长带来的收益。麦肯锡为什么敢这么讲？一是它有扎实的咨询功底，其次它有足够丰富的产业资源和政府资源，这是它敢于提供这样一个合作方案的基础。

因此我认为未来我们的模式创新，不是我们要不要做的问题，而是不得不面对的选择。

第二个因素，在经济逆周期，企业对非刚需咨询的需求下降了。客户的日子不好过，活都活不下去了，我还要咨询干什么？很多企业不愿意或没有能力再去购买非刚性的服务，这也是一年来很多咨询公司经营业绩下滑的原因。

第三个因素，是客户对整体解决方案及交钥匙工程要求的提升，即对系统性服务的需求在提升。客户需要的不再是某一项专业性的服务，它需要一个整体解决方案，这就是现在很多客户需求的演化。

第四个因素，是客户对服务的专业深度要求的提升，单纯的知识贩卖无法满足客户的需求。

华夏基石过去在历史上有一个深度分销理论，有一个人力资源6个模块的模型。我是2001年进入咨询行业的，那个时候跟孙波老师学习了很多。那时我们把这些体系、模型拿出来给客户看，客户能看傻了，而你现在再给客户讲这些东西，他们不会再有惊喜感，因为很多东西他们都懂。

不要再做贩卖知识的事情，客户不需要知识的贩卖，尤其在未来人工智能、大数据的5G时代，人家获得知识的速度比你还快得多。彭老师早就说过这个事情，找一个博士就能替代你研究了几个月干出来的所谓成果。我们要深挖自己专业的深度，不要存有任何卖弄才华的想法，而要做到认识问题的深度比别人深刻，比如讲人力资源，你能跟别人讲得不一样，这样的知识才有价值，因为深刻、独到的洞察和系统性思考，是靠大数据和人工智能无法获得的。

在未来，单纯的知识没有价值。有一个人问过我，说张老师你的讲义能不能发给我，我说可以发给你，知识是没有产权的，用知识创造的价值才是有产权的。对方说张老师你这个观点比较独特。我认为知识本身不能创造价值，它是为了创造价值而形成的基本工具和条件。

第五个因素，企业对咨询师的专业性、经验、灵魂深处的交互的要求提高了，即对服务者的可信任性的要求提高了。咨询师要和企业家形成朋友的、信任的关系。我们面临的机会和挑战很多，除了这几个方面，还有很多。

成长得越快，我就越睡不着觉，因为我更多看到的不是机会，是危险和风险。可能在不知不觉中，你已经被这个时代淘汰了。你现在可能还意识不到，等三年后你被彻底淘汰时，你会意识到，在3年前或5年前，你已经犯了一个决定性的错误。

综上所述，我们作一个总结，咨询行业面临着重新洗牌，产业集中度会大幅提高，咨询模式和赢利模式的创新是咨询行业面临的机会和挑战，机会和挑战并存。在这样一个不确定性的时代，我们面临的机会和挑战同时被放大了。

5

未来

第二届中国科技咨询协会理事长及副理事长成员

创新突破：咨询业未来发展趋势

为推动中国企业发展壮大，咨询公司需要实现从1.0版到2.0版的转化，不仅仅是谋士、智囊，更是参与者、引领者、创造者。

2020年是全面建成小康社会和“十三五”规划收官之年，我们要实现第一个百年奋斗目标。一代人有一代人的使命。当今，如何助推创新与高质量发展，成为检验企业家“成色”的试金石。它考验一个企业家对未来前景的判断，对市场不确定性的把握，对生产要素进行革命性、破坏性配置的能力，对创新求变信念的坚守。

“十四五”规划（2021—2025年），是后小康时代的第一个五年规划，中国将进入怎样的发展阶段？如何深化改革开放；如何更好地参与国际竞争；如何加快新旧动能转换，推进现代化经济体系与现代化产业体系；如何优化区域发展格局，培育更多高能级的增长，中国管理咨询业任重道远。

根据国家宏观层面的引导与支持，以及我国现有互联网行业本身在国际舞台的强势实力综合来看，这是目前能搭乘的最快速的班车。而咨询本身集结的是咨询人才对于各行各业的思想力，咨询的目的是帮助企业更好地适应当下的市场去开拓未来的边境，去完成企业自身很难去看到的问题，它所要的是对于行业现状做出客观剖析后思想的产出。因此，无论咨询在什么跑道上加速，创新性思维永远是咨询这个行业的内驱力，拥有思想力的咨询才能真正切入行业、企业的痛点，开拓我国咨询业的未来。

没有一家企业可以声称与科技无关，未来每一家企业都是科技企业。5G、人工智能、区块链、云计算大行其道的今天，科技如何变革千行百业，值得所有人期待。随着综合国力的不断提高，“一带一路”倡议的提出，以及中国特色社会主义已进入新时代的大背景下，中国企业汇入全球化浪潮和国际竞争的大舞台中。中国企业管理也从最初简单粗糙的计划管理，向带有行政色彩的生产管理转变；从早期政企分开的改革和调整，到市场化和国际化背景下现代化企业管理的转型，再到企业管理的新时代，企业经营管理之道也将不断与时俱进。

第一，中国企业要从大数量到高质量的转型。从国内来看，截至2018年年底，中国各类企业总数达到3474.2万家，其中新注册企业670万家。但在这庞大的数字背后，高质量发展的企业还是少数，像华为公司这样“打不死”的企业确实是凤毛麟角。

从全球范围来看，1994年，中国企业首次参加美国《财富》杂志世界500强企业评选，当时入选企业只有3家。经过25年的追赶，目前中国企业终于在企业上榜数量上赶超美国，但是在盈利能力和核心竞争力等方面的提升将会是长期的过程。中国企业仍要持开放包容的态度，继续向世界各国企业学习取经，特别是在技术密集型的高精尖端制造方面，摒弃机会主义和功利主义思维，实现企业“强壮”发展的转型升级。这不仅是企业自身发展的需要，也是中国经济高质量发展的需要。

第二，中国企业管理的经验总结和理论升华要从特殊性到普遍性的转变。长期以来，中国企业既学习借鉴了苏联、欧美和日本等国外先进管理经验和理论，也探索了各种本土化管理方式，形成具有特色的经营管理范式。如华为集团打不死的“技工贸”模式、联想集团的“贸工技”模式、从传统企业到智能制造转型的海尔模式，以及从代工到高端制造的万向模式。

但实际上，中西企业文化和管理经验已经在中国企业管理实践的大熔炉中被研磨和重新塑造，从而形成一种全新的、带有普遍性的中国企业管理范式。但这种范式是什么？其普遍性意义如何？目前尚未有明确和统一的表述，需要进行有针对性总结、凝练和理论建构。

第三，中国企业的跨国经营管理如何从被动到主动，逐步自信。2019年年底热播的由美国前总统奥巴马夫妇拍摄的纪录片《美国工厂》，即讲述了曹德旺的福耀集团于2014年主动到美国开办工厂所遇到的一系列管理和文化冲突问题。从福耀集团的海外投资可以看出，中国企业的跨国经营，不仅仅是设厂挣钱那么简单，涉及企业管理的自信、跨国经营管理的价值理念和方法，企业发展战略，以及跨文化管理的能力等方面的问题；不仅是生产能力的输出，也是企业管理模式和管理经验的输出。作为一家民营企业，经过5年的摸索和磨合，福耀集团已积累了丰富的跨国文化管理经验，企业生产取得初步成功。

第四，中国企业管理的深层次转型升级。从器物到精神，从文化价值观到重视和强调方法论与企业家精神。作为具有生命周期的组织，企业要想基业长青的话，必须具有核心主业和竞争力，它所输出的就不仅是产品和服务，还有生产和管理方式，以及企业使命、文化价值观和方法论等思想内涵。无论是在国内经营，还是“走出去”发展，企业都要讲好自己的故事。

第五，物联网时代企业将面临管理的革命。随着互联网、大数据、人工智能技术的迅速发展，以及其与实体经济的深度融合，中国企业正处于向“互联网+”和“中国智造”转型升级的重要阶段，传统的战略、组织、交易、商业，以及价值创造和获取模式等已面临被颠覆的可能。特别是2019年以来，中国企业面对非常不利的内外经营环境，更需要进行一场管理的革命。真正把企业作为管理的对象，让企业成为高效组织，实现企业的高效运行和高效益产出，最终实现中国经济的高质量发展目标。

经过不断的探索、学习、借鉴和应用，中国企业管理经历了“以苏为师”到本土化探索调整，到借鉴欧美和日本管理经验和理论，再到融合创新和渐成一体的过程。企业管理也从经验到科学，从传统到现代，最终走上管理现代化的发展轨道。中西融合的企业管理，其发展变迁一直在路上。为推动中国企业发展壮大，咨询公司需要实现从 1.0 版到 2.0 版的转化，不仅仅是谋士、智囊，更是参与者、引领者、创造者。

中国新产业革命战略：新基建、新技术、新产业

以数字化、网络化、智能化、绿色化为核心特征的新产业革命，正在突破人类自身局限与资源环境瓶颈，大大增强了可持续发展的能力。大量新的思想、技术、工艺、产品、服务、要素、设施、组织、模式、市场应运而生，不仅对各种产业、资源配置、生产流通、生活消费、工作学习、文化思维等带来重大影响，也深刻地改变着人与人、人与物、物与物的关系，改变着世界的格局。中国是世界性大国，具有完整的工业体系，实现了对发达国家在数量上的追赶，但远未实现质量、技术、效率、创新、竞争力和知识等追赶。实践表明，大国崛起的进程，很大程度上是一部产业革命引领史。中国要构建现代化经济体系，建成现代化强国，必须深度参与甚至引领一次新的产业革命。当前，新产业革命与中华民族伟大复兴历史性地交汇，如何牢牢把握时代之机，研究制定新产业革命战略，全面引领产业变革，是当代中国的一项重大课题。

与传统基建相比，新型基础设施建设内涵更加丰富，涵盖范围更广，更能体现数字经济特征，能够更好地推动中国经济转型升级。

“新基建”是有时代烙印的，如果说 20 年前中国经济的“新基建”是铁路、公路、桥梁的话，那么，未来 20 年支撑中国经济社会繁荣发展的“新基建”则是 5G、人工智能、数据中心、互联网等科技创新领域基础设施，以及教育、医疗、社保等民生消费升级领域基础设施。

“老基建”在部分地区尤其人口流出地区已经过剩，再投资劳民伤财。当然对于人口流入的都市圈城市群，长远来看道路桥梁建设的空间仍大，否则将制约经济社会发展，带来交通拥堵、环境污染等严重问题。

“新基建”是未来发展的短板，新的投资领域主要包括：5G 基建、特高压、城际高速铁路和城际轨道交通、新能源汽车充电桩、大数据中

心、人工智能、工业互联网等。这些领域是兼顾短期刺激有效需求和长期增加有效供给的最佳结合点，是中国经济跨越中等收入陷阱、迈向高质量发展、创新发展的大国重器。

“新基建”投资潜力巨大，经济社会效益显著。例如，未来5G网络建设投资将达到1万亿元以上，带动的产业链上下游及各行业应用投资将超过数万亿元投资。更重要的是，5G网络建设将有助于培育繁荣互联网经济、人工智能、数字经济、互联网金融等新技术新产业，带动十几万亿元产值的新经济，为抢占全球新一代信息技术制高点奠定坚实的基础设施。

中国过去几十年，是适度超前基础设施建设的最大受益者，是“集中力量干大事”体制优势的重要体现。没有适度超前的基建，怎么会有中国制造的强大竞争力？没有超前的网络宽带建设，怎么会有互联网经济的繁荣发展？怎么会有外资纷纷看好中国，涌入中国？怎么会有中国融入全球化的高速增长？怎么会形成强大的全球产业链？怎么会形成全球互联网经济和高科技产业的中美争霸局面？

启动“新”一轮基建，关键在“新”，要用改革创新的方式推动新一轮基础设施建设，而不是简单重走老路，导致过剩浪费和“鬼城”现象。未来“新”一轮基建主要应有四“新”。

一是新的地区。2019年中国城镇化率为60.6%，而发达国家平均约80%，中国还有很大空间，但城镇化的人口将更多聚集到城市群都市圈。我们预测，到2030年中国城镇化率达71%时，新增2亿城镇人口的80%将集中在19个城市群，60%将在长三角、粤港澳、京津冀等7个城市群，未来上述地区的轨道交通、城际铁路、教育、医疗、5G等基础设施将面临严重短缺。对人口流入地区，要适当放松地方债务要求，不搞终身追责制，以推进大规模基建；但对人口流出地区，要区别对待，避免因大规模基建造成明显浪费。

二是新的主体。要进一步放开基建领域的市场准入，扩大投资主体，尤其是有一定收益的项目要对民间资本一视同仁。

三是新的方式。基建投资方式上要规范并推动PPP，避免明股实债等，引进私人资本提高效率，拓宽融资来源。

四是新的领域。调整投资领域，在补齐铁路、公路、轨道交通等传统基建的基础上大力发展5G、人工智能、工业互联网、智慧城市、数字经济、教育、医疗等新型基建，以改革创新稳增长，发展创新型产业，培育新的经济增长点。

中国要把握新产业革命的战略机遇，可采取“一主多翼、统筹兼顾；创新引领、混合驱动；共利共享、跨界融合；安全可控、生态绿色；以我为主、包容并蓄”的发展战略。综合实施“新产品、新服务、新技术、新商业模式为导向的新产业发展路径，数字化、网络化、智能化赋能的效率变革路径，标准化、精益化与管理优化相结合的质量提升路径，不同类型、层级、领域创新系统建设的创新路径，地区、国内、国际产业分工深化的空间优化路径，新人才、新知识、新基础设施增加供给的支撑路径”。推进新产业革命要因势利导、顺势而为、因地因产因企制宜。

咨询业发展的三大驱动力

由新生态、新模式、新技术引发的三大趋势对企业发展及咨询业的前景有着深远的影响。

数字化

当下，“数字化”是一个新的链接点，把我们的视野、思考问题的逻辑放在一个新的角度上，形成一个新的交叉和融合。

在非常复杂多变的边界模糊的背景下，面对“知”与“未知”的挑战，面对新经济、新生态、新城市和新基建。我们从过去的增量时代将走向存量时代，这不是简单的改变，无论是做城市建设、投资还是提供服务的，都意味着工作战场的转移，这是当下时代很重要的特点。

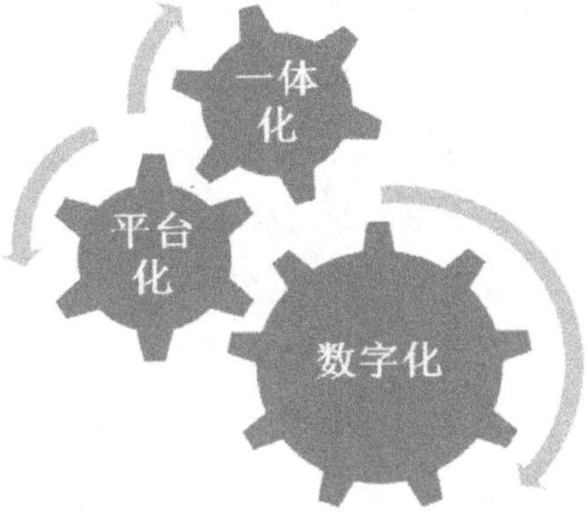

互联网技术的崛起，彻底地将人类活动空间从物理空间延伸到虚拟空间，打破了时空的距离；以云计算、大数据、移动互联网、物联网为代表的新一代信息技术，更是体现了人人互联、随时随地、数据为王、体验为王特点的社交化属性，通过影响人类生活方式、生活行为模式颠覆以往的生产方式及其制度结构。如今，人工智能技术、新一代通信技术的出现及推广应用，不仅与云计算、大数据、移动互联网、物联网、脑科学等深度融合，加速了智能科技的崛起、智能时代的来临。

原来的场景假设进一步变成了现实场景：一是从事实说话到数据说话，大数据、平台公司在洞见、预见以及资源调度上起到了积极的作用，数字治理能力成为现代治理的重要能力；二是高触高感到无触无感，打破人的高接触、有感应、有传播，到少接触、无接触、无感（如无感监测等）；三是从现场实施到远程操控，诸多行业进一步打破了时空限制，远程、协同办公快速发展，如线下教育培训逐步被在线教育培训所替代；四是从虚拟现实到智能实现，在虚拟空间上实现功能替代、技术实现与智能应用等，智能终端、智能硬件、智能设备、智能服务等加速应用；五是从多人工厂到无人工厂，云制造、智能制造、产业互联网将进一步加速推广应用，有的城市对劳工的依赖性加强，也有的城市对劳工的依赖性在下降；六是从官管民理到群民共治，科层组织加速发展为自组织，上中下的关系被左中右的关系所取代；七是从生态掠夺到见朴抱素，从对自然、生态的掠夺性开发，到追求人与自然的和谐。伴随这些变化，对未来社会的消费方式、生活方式、生产方式、治理方式及经济活动形式、社会活动形式等，发生了较大的冲击及深远影响。

新基建基本基于技术的兴起，带来新生活形态下的新市场、新空间。一是消费模式场景化。核心是围绕新的场景变化，将产品服务、数字内容、数据算法、敏捷供应有机结合在一起，创造新的消费体验、消费景图与市场空间。二是生活方式社交化。最好的商业模式与工作方式是嵌入人们生活方式之中，这种生活方式是体现人人互联、万物互联、随时随地且高接触（非物理接触）、高情感的社交化生活方式。三是生产方式智能化。生产部门将打破企业的边界与形态，逐步形成“数据驱动 + 平台赋能 + 智能制造 + 敏捷生产”的生产方式，并与敏捷供应、社交生活有机结合在一起。四是治理方式数字化。伴随治理数字化带动治理现代化，平台企业、社会企业等多元主体将参与社会治理，政府唯有打破边界加大数字设施、数字平台、数字大脑等架构，才能更好地适应未来、迎接未来、引领未来。

平台化

《公司法》自 1862 年英国颁布以来，已经走过了一百多年的历史。诞生于工业革命时代的公司制，通过契约和激励把股东、客户、员工的利益捆绑在一起，对推动工业革命起了巨大的作用。但随着以智能化为特征，以知识经济为主体的第四次工业革命的到来，公司制越来越难以适应新时代的发展。远程办公的出现会加速公司制的消亡。平台化取代公司制是大势所趋，在平台内组织网络化——各组织间借助信息化工具，实现实时直连和沟通；组织扁平化 —— 构建“前—中—后”台模式，前台小团队灵活机动对接市场，组织自适应——弹性组织，根据市场变化自主调整。当然这个变化会是一个漫长的过程，不会一蹴而就，需要相关法规、制度的修订和完善，还有一个观念转变的过程。

智能协同是企业在今天需要拥有的工作方式，因为这种新的工作方式，可以让组织成员更加具有创造力，并可以发挥作用；可以让企业能够动态应对变化；可以让企业在价值网络中，与价值成员更高效地创造价值。智能协同的工作方式，其核心是精简组织结构，让组织成员可以更贴近顾客和价值伙伴成员，让企业与价值伙伴、顾客之间边界融合，而由此带来的是企业与价值伙伴成员更高效的协同合作，改变和重构价值链或者价值网的价值。这就要求企业对传统的、内化的组织结构进行彻底的变革。

过去会感受到原来体系面临一些问题，这些问题往往没有很好的解决途径，现在新技术恰恰给我们无论是水样组织，还是自组织，还是创客化、微化，都提供了这样一种可能。将来会形成动态柔性、个体能动性、价值协同、开放融合，水过流痕的组织形态。只有这样才能应对新城市、新基建带来新要求。

一体化

咨询业的传统客户正面临节奏越来越快的变革，咨询供应方与企业需求间的矛盾客观存在，“供需错位”已经突显，传统咨询业正面临着供需关系不可忽视的结构性失衡。

过去，流程化、工具化、专业化是传统咨询业优势，今天很多场景下却成为掣肘，变为劣势。面对不确定性、变化、跨界、交互、融合的世界，尚在成长期的中国咨询业面对如此多的变化，特别是全球咨询业共同的劣势，比国外成熟咨询业要艰难得多。但全球咨询业重造需要卸掉原有流程化、工具化、专业化包袱，从此角度看，国内外咨询业实际上站在了同一条跑线上，对中国咨询业来说又是一个有利因素。针对新业态、新经济构建新的咨询优势，国外咨询业需要推倒重来，重新开辟一个新世界谈何容易。中国咨询业较国外咨询业负担小，从零开始后发先至的机会将更多。

今天的中国正在从突飞猛进的高速急驶向中高速行驶。新的发展时期，梳理改革开放多年来积累的大量问题，寻找切实可行的解决之策，已是政府和管理机构的当务之急。转型升级中，产业需要提速换挡，企业需要创新变革。智囊、智库抓住机会提供解决方案，咨询市场将更加广阔。

咨询业的未来发展趋势

社会时代变革解构与重构，咨询业也在其中。咨询业重生在于深刻反思，重构社会价值参照系，新商业思想践行。咨询业者不单是专业技能与方法论的高手，更是时代变革中思想迷茫群体的思想启蒙与引领者。

近年来，由于全球化发展的加速，高科技、互联网的兴起改变了许多行业，这既是机会也是挑战。无论在什么行业，CEO 们都在问一些看似基本的问题：我们的企业应该如何改变？我们的业务模式应该如何调整？我们的竞争对手到底是谁？他们在做什么？我们的组织和文化应该如何调整？

在新形势下，咨询业者必须掌握未来趋势，用前瞻性的眼光去领悟新事物、新模式，挑战旧有理论和思维。未来趋势必然是非线性、跳跃式、多维、不确定和快速变化的，企业所面临的挑战也不再是过去的方法论和模块可以解决的。

趋势一：数据智能的决策咨询服务板块的崛起

如果将传统咨询业用 Consulting 来表示，则现代咨询业将是 iConsulting。数据分析和大数据技术已经在很多行业中兴起，现在它们开始进军咨询业，未来它将持续影响咨询顾问的工作和他们创造的价值。像成本分析和定价分析这种咨询工作已经实现自动化，并逐渐从外包变为由公司内部完成。一方面，客户已经越来越强调务实，期望能够通过管理信息系统固化各种制度、流程与实践，并实现企业范围内的信息治理；另一方面，客户也越来越追赶潮流，追捧互联网、移动互联网、社交化、大数据等新技术手段，并且迫切期望咨询公司能够就此提供帮助。

数据智能类决策咨询板块极大地超越了经验咨询与思辨逻辑咨询的

框架，发挥了多源数据源、云算力与智能算法的作用，使得快速高效的决策梳理和从问题到直接解决做法之间实现贯通，是治理能力现代化的重要支持机制之一。但在其发展中，存在着人力资源缺失、前期开发成本大和系统部署需要获得更好的体制认同等障碍，因此未来在基于产教融合以产主导的原则培养多层次新型专业人才、加大对于这类机构进入资本市场包括公开上市机会上的支持、提供更多的政府采购机会方面给予有力度的政策支持。

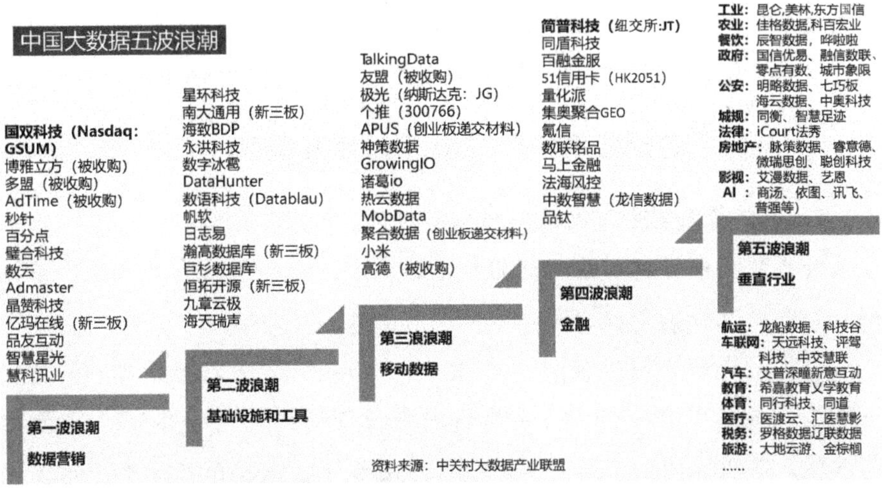

资料来源：中关村大数据产业联盟

零点有数董事长袁岳认为，在知识服务的道路上我们已经是资深创业者，但是在新的知识管理时代我们所做的还远远不够，我们开发出更多的知识图谱与应用算法，我们需要让机器学习与持续进化的人机互动使得业务经验和数据技术的结合产生更好的降本增效结果，让数据智能来更好地提升窗口政务与各类商业性窗口服务的效率，提高新产品交互研发与服务设计的效率，提高各类问题处理与矛盾解决的效率，当我们朝向这样一个提供高度的数据智能服务的专业机构前进的时候，我们需要一大批既深入掌握业务秘诀又能熟练运用数据技术的人才，而我们既有团队的每个人需要继续成为谦卑的共同学习者、共同探索者与共同行动者。中国的创业者和企业家已经在很多领域创造出了具有世界竞争力的企业，成为在知识服务与数据智能应用领域的世界级企业，我们也要有这样的使命与担当。

2015 年以后出现的创新型咨询公司（以大数据和共享平台为基础的咨询公司）或许将成为咨询行业新一轮的颠覆式创新。这不仅因为它们以技术为基础，以更为低廉的价格开始为更为广泛的企业（延伸至中小企业及创业公司）提供较为初级的咨询服务，也因为在未来随着人工智能等技术的不断发展，创新型咨询公司的能力很可能进一步提升，从而为更广泛的企业提供战略咨询服务，并进一步对多元化咨询公司和传统咨询公司的现有业务形成颠覆。

咨询公司如何完成“数字化转型”？

1. 将数字化专业知识整合到公司内部

首先，每个公司都需要找到合适的方法，将数字化的技术集成到内部组织中，无论是单独的还是跨部门的团队。

例如，咨询公司可能需要改变和实施挑战现状的新技术——AR/VR 技术。AR/VR 技术，能够让顾问像在“现场”一样与客户进行远程互动，改善顾问的生活方式，促进聘用和留住最优秀的人才，并显著降低项目成本。

同时，它们必须不断吸引新的人才，以扩大数字团队的规模，其速度要高于战略项目的传统招聘速度。

2. 在公司与公司之间创造差异性

咨询公司面临的另一个关键挑战将是创造差异化，如今大多数咨询公司已经汇集了非常类似的资产和专业知识，同质化非常严重。

考虑到传统企业在数字化方面面临的巨大变化，客户公司在选择业务伙伴时将非常挑剔，并愿意支付高额咨询费，以确保它们的业务不会在数字化时代受到破坏。

因此，为了在日后的竞争中获得优势，必须寻找自己的核心竞争优势，寻找不可替代性。

对于公司和咨询公司来说，建立长期的伙伴关系至关重要。

3. 拥抱变化，迎接文化上的挑战

咨询公司遇到的最大的挑战还是文化上的挑战——改变原来的思维方式和做事风格，拥抱这些变化。

（1）从外部来说：传统的业务转向数字化业务，意味着客户可能会要求在短时间之内就找到解决方案，快速试错，但是这可能对咨询公司来说就是巨大的名誉上的风险。

（2）从内部来说：咨询公司需要积极使用新技术和众包咨询。

咨询公司能否在帮助客户成功完成数字化转型的同时，将自己的业务和运营模式数字化？未来几年将是确定这个问题答案的关键时期，最终将决定许多咨询公司的命运。

趋势二："咨询＋赋能＋资源＋投资"一体化的服务模式

随着新一代科技革命和产业变革加速演进，基于多重技术的交叉融合，新应用场景和新商业模式不断衍生，全球新经济发展正处于从技术革命向产业革命落地的前夜。这意味着未来创新创业的基础、条件和趋势正在发生着颠覆性的变化。未来，我国创新创业的热点领域和方向将集中出现在跨界融合领域、前沿未来产业领域、基础研究领域，催生更多具有战略性、创新性、颠覆性的新企业、新业态。

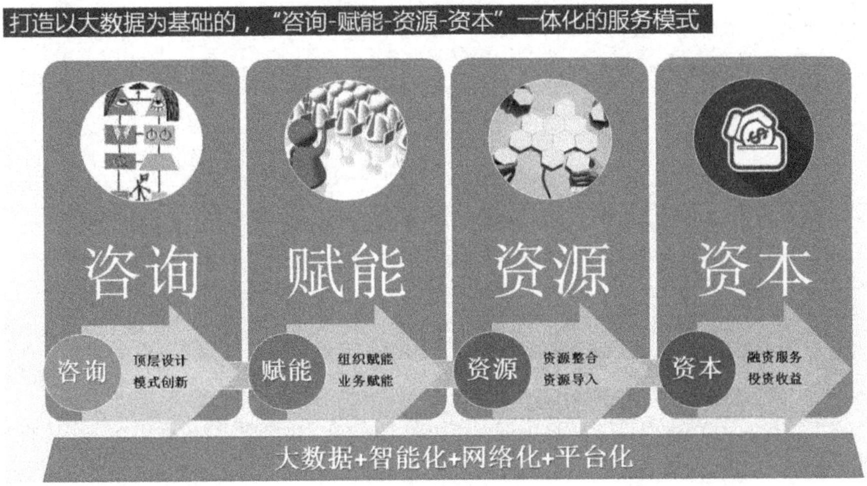

2018 年，国务院发布了《关于推动创新创业高质量发展打造“双创”升级版的意见》，将创新创业提升到国家战略高度，并通过政府赋予了其进一步发展的动能，“双创”也进入了一个新阶段。国家“双创”的提出，催生了“咨询 + 赋能 + 资源 + 投资”一体化的咨询模式，从理念的咨询到具体解决方案的提供，甚至帮助客户成为产业资源的整合者，从为客户想明白、到帮助客户说明白（咨询报告），发展到与客户一起干明白，这就是所谓的一体化解决方案。

而以“咨询 + 赋能 + 资源 + 投资”驱动的咨询公司，可为资本带来高质量、高互信的项目来源。同时，又为投后管理和增值服务提供强有力的支持，包括战略规划、商业模式选择、公司治理、组织优化和流程再造、市场营销、人力资源管理、股权激励、企业文化、IT 规划、并购重组、上市方案设计、募股资金投向、上市后的投资者关系和市值管理等。通过这些服务，与企业建立“你中有我，我中有你”的千丝万缕关系，结下深情厚谊的不解之缘，最后形成咨询、资本和企业三者互动共生的和谐生态。

趋势三：咨询业未来的组织模式：平台化 + 实体化

一个数字化、智能化、平台化和生态化的管理新时代正在到来。

2019 年，产业互联网（又称“工业互联网”）蓬勃发展，“根植消费互联网，拥抱产业互联网”已经成为企业界共识，这不仅点燃了产业互联网的市场热度，更加快了产业互联网对传统产业的重构，催生了新一轮产业革命。

产业革命和管理革命遥相呼应，相辅相成，产业互联网也正在重塑企业的管理模式，孕育一场深刻的管理革命。

目前，我们迎来了第四次管理革命，主题是价值共生。

产业互联网以“产业 + 互联网”为主旨，以产业和企业为主要实施主体，以数据为核心资源，通过互联互通的智能设备，利用各种前沿技术重构产业价值链，以及企业的商业模式、组织模式、管理模式，促进产业数字化、智能化、生态化升级，实现企业内外协同、价值共生，从而构建繁荣昌盛的产业生态命运共同体。

产业互联网时代，“战略即生态”。未来的企业只有两种命运，要么生态化，要么被生态化。前者是大型企业的生态战略，后者则是专业化企业的生态战略。

伴随数字技术普及速度加快，企业已经无法“独立创造价值”，那些坚持守护自己的竞争壁垒的企业或早或晚将被卷入泡沫的虚幻中。

无论是华为、海尔、美的、联想、谷歌、IBM 这类“大而稳”的组织，还是阿里巴巴、腾讯、亚马逊这类“快而强”的组织，以及新创立发展的韩都衣舍、途家网、滴滴这类“新而美”的组织，它们的成功都来自更贴近顾客需求的投入，它们把产品和服务做得更深，深入到顾客无法离开；它们把产业链创建得更易融合而具有多利性，使得每个环节的参与者都愿意开展合作，共同为产品和服务付出；它们的组织更加富有弹性，经得起市场变化带来的震荡并能够寻找机会实现突破；更重要的是，它们能够把组织所处环境中的各种资源集合到价值创造的方向上，凝结成更广泛的集体智慧，从而形成一种强助力，推动它们前行，最终实现更高水平的协同发展。

在管理专家陈春花看来，概括地说，“共生”成为它们获得数字化时代新发展的共同选择。就本质而言，共生型组织是一种基于顾客价值创造和跨领域价值网的高效合作组织形态，其网络成员实现了互为主体、资源共通、价值共创、利润共享，进而创造单个组织无法实现的高水平发展。

共生型组织的生态网络摒弃了传统的单线竞争的线性思维，打破了价值活动分离的机械模式，将理解和创造顾客价值作为组织的核心，进而使创造价值的各个环节以及不同的组织按照整体价值最优的原则相互衔接、融合及有机互动。

新经济时代，平台作为创新资源的连接器，成为企业、市场之外组织资源的第三种有效形式。平台企业从传统的生产者、交付者角色逐步转变为连接者、整合者的角色；一些平台巨头已实现从模式创新向技术创新转型的发展路径，推动技术不断迭代创新。

在数据化社会中，社会结构也要重建，很多咨询机构为满足客户快速发展的需要，不断整合社会资源，服务变得越来越开放，后台越来越依赖数据和社会各类资源的系统发展，数据与资源及协同发展驱动成为咨询机构乃至产业企业的核心竞争力，交互越来越强调生态，交互方式越来越强调共同成长，越来越强调生态圈。

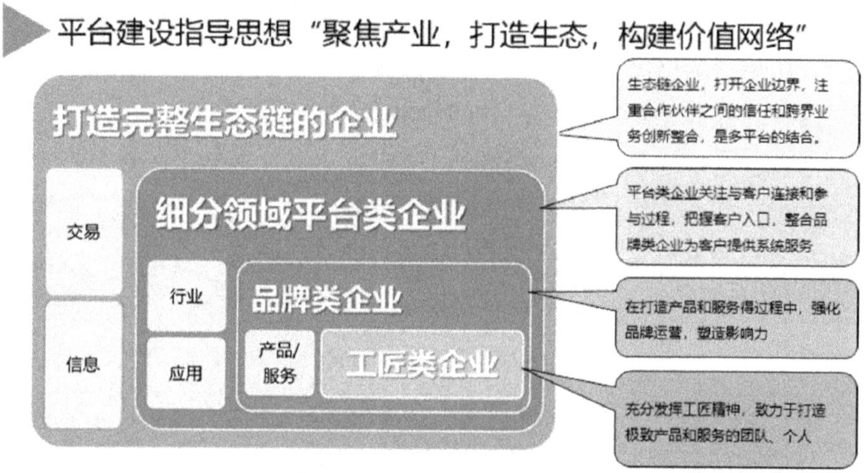

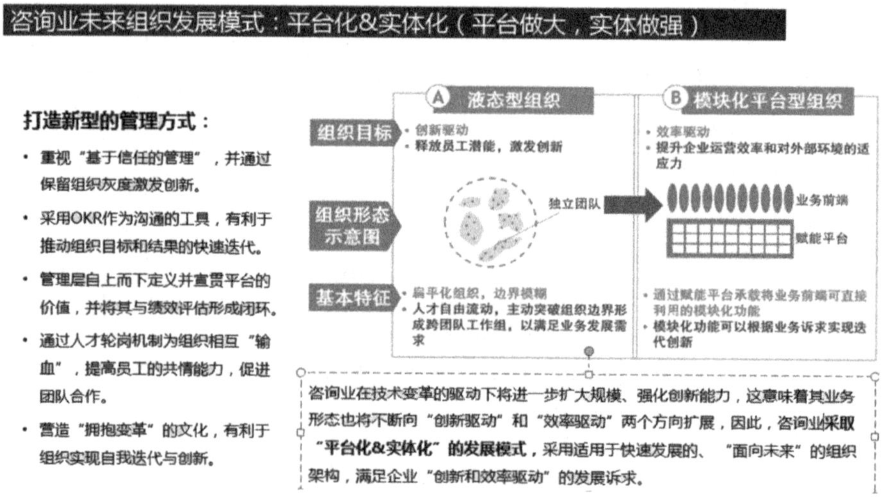

咨询业要抓住时代赋予的历史机遇，加强国家级智库建设及本土咨询机构的实力，实施跨地区、跨业务、跨领域、平台化的战略布局，积

极开展资源与专业能力的整合，打造“咨询＋赋能＋资源＋资本”一体化的服务模式，成为行业的“生力军”与“排头兵”。

其中一个非常重要的路径就是把大公司创新的咨询与服务（包括创新战略、顶层设计、价值链重构及商业模式创新等）构建成开放式的创新平台，与创业公司之间搭建合作桥梁；寻找、对接、落地试点项目，革故鼎新，迭代并升级原有的业务。在此过程中，咨询公司需要以战略为导向，为行业大客户提供团队赋能方案与执行，其中包括学习型组织建设及组织变革与创新能力建设、组织领导力建设及文化重塑。

打造大企业的“创新殖民地”：联合创新中心与赋能平台

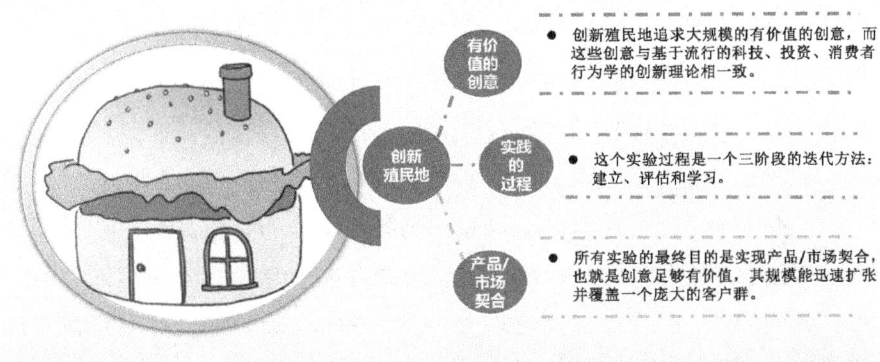

资料来源：《精益创业：打造大公司的创新殖民地》

平台化转型要求我们不是以项目的思路来做项目，而是要以平台的思路来做项目。最大的变化是，之前是做精品项目，之后是做培训、高端资源链接等。同时在平台化转型的过程中，咨询师要从精品、专业向多样化转变。项目经理要成为高级的培训师、能写出来很好的内参。平台化转型给咨询师走向斜杠人生提供了很好的环境。

咨询业未来将发生行业整合，尤其是针对行业中的一线咨询公司。强者更强，弱者会被淘汰。在细分领域需要更加精益化的产品和服务，工匠精神的敬业精神凸显，人才作用能发挥更大的作用。与社会发展平台建立畅通的沟通渠道很重要。

成规模的国内企业纷纷开始转变相对粗放的管理经营模式，也开始认识或尝试研究咨询服务，这导致了研究咨询的渗透率不断攀升。下游客户企业数量多，研究咨询行业市场需求巨大，优质咨询公司相对议价能力较强，尤其是在细分咨询领域，优质咨询公司颇受追捧。

各个公司运作手段不同。知易行难，公司意识到了，但怎样才能落到实处？大家都强调向企业学习，但操作方法和操作程度是不一样的。北京工发咨询总经理辛浩力认为，咨询公司会越来越分化，包括操作方法和领域。如果有能力，在不远的将来，工发咨询希望能自己培养咨询顾问，灌输自己的理念进行职业化训练。

现在咨询公司存在两种发展模式，专业化公司（像工发咨询这样的）和综合性服务公司，综合型的服务公司在中国是有一定生存空间的，业务包含类别比较多。随着客户管理水平提高，企业一般要求专业化服务，因此，更多的咨询公司应该走专业化道路。这种专业化不仅仅体现在业务上，也有可能体现在行业上。

在中国目前的情况下，咨询公司的发展主要在创新上。但这并不表示综合性的咨询公司要消亡了，客户也需要综合的判断，有可能需要一系列的服务。咨询公司两种形态可能会并存，但专业化公司可能更有空间，最重要的是形成各咨询公司的特点，关键看谁做到位，做得更好。小而强，这是工发咨询的目标。

专业化公司做大做强，与综合性公司的竞争，后续的服务能力一定要比较强，所以工发咨询也在开展研发，如职业生涯规划、素质模型。工发咨询每年新业务占 25% ~30%，后续服务、人力资源方面要能够做得很深。要朝纵深发展，否则仅仅是传统的薪酬考核设计，和综合性公司比较就没有优势了。这就是专业化公司做大做强的概念。

趋势四：微咨询兴起

“敏捷化”原本是一个软件开发的名词，指代灵活管理用户反馈、BUG（缺陷）和需求的方法。现在则成了项目管理和企业管理的新趋势，进而拓展到咨询项目的交付形式上。

IBM 与华为的合作已经成为咨询行业的经典案例，华为先后共计

20 亿元的投入在国内的咨询市场上几乎是可遇而不可求的。但是仔细分析其中成本，大多数是来源于咨询顾问的长期驻场工作。

过去，“驻场工作”是咨询顾问的常用工作形式，但是在用户需求逐渐占据主流的市场环境下，“驻场”有时候就显得不是十分必要了。用户不一定需要咨询公司派一个团队过来驻场几个月做一个改善项目，他们往往更需要咨询公司以导师的形式提供不定期的陪伴式指导。

在这种需求下，未来的咨询可能就会由项目式咨询转变为长期的敏捷化咨询，即聚焦核心问题与关键模块随时辅导，以低成本、相对简洁的方式帮助客户企业随时改进问题。

由于效果难以度量或需要长期监测才能获知，客户对价格昂贵和多层次的业务转型项目失去耐心。此外，软件套包、云端技术也为小型和可重复迭代的项目创造了环境。因此，咨询业将出现更多小型化跨领域的项目，但却要求专业度更强和经验更加丰富的顾问；交付形式也将更加多元化，与客户面对面、通过自建的数字工作室或者其他协作工具进行交付都将成为常态。但项目短期化的风险就在于客户过于重视短期利益，可能会忘掉其长远的发展目标。

在长城企业战略研究所所长王德禄看来，长城所的平台化转型是咨询公司的平台化转型，转型的成功必然既要根植咨询又要跳出咨询，同时要从咨询项目思维到平台运营思维。当前社会发展越来越迅速，对于敏捷咨询的需求越来越大；咨询需求越来越碎片化，需要短、平、快、轻的咨询，只有将碎片化的需求化零为整才能形成大单长单；领域界限越来越模糊，战略战术之间、各次产业之间的界限也越来越模糊，需要跨领域、跨部门、跨行业，需要整体咨询；后台越来越依赖数据，数据驱动成为咨询机构乃至产业企业的核心竞争力，基于大数据、云平台等为主的社交化咨询越来越重要；交互越来越强调生态，交互方式越来越强调共同成长，越来越强调生态圈与现场咨询。无论是敏捷咨询、轻咨询、整体咨询、现场咨询、社交化咨询等，都是微咨询的具体表现或形态，而咨询机构只有适应微咨询才能实现平台化转型，才能赢得新一轮发展机会。

未来我们应探索“互联网+咨询”新模式。长城所在“互联网+”平台化改革中做了大量工作，包括大量的“互联网+”，但是改革还不彻底，没有将咨询互联网化、把“互联网+咨询”结合起来。我们要借这个机会把平台化改革进一步向前推动，下一步不仅要做“互联网+咨询”，还要做“互联网+科技”，我们要让平台化成为“互联网+咨询”的一个方面。“互联网+咨询”和咨询平台化的核心是加大平台的流量。

趋势五：效果导向，关注执行

组织变革管理咨询此前经历过大的波折，一些大的项目失败给行业发展蒙上阴影。当下，其重要性又被企业所重视，因此咨询公司都大力投资，通过数据和工具来完善咨询方法论。在数字化及其他一些因素的驱动下，全业务咨询公司将进一步提升OCM咨询能力，而工作的中心也将从“解决问题”变为“防控问题”，咨询公司也会将“定义变革”放在更加重要的位置，而不是仅仅“管理变革”。

一方面，客户已经越来越强调务实，期望能够通过管理信息系统固化各种制度、流程与实践，并实现企业范围内的信息治理；另一方面，客户也越来越追赶潮流，对于互联网、移动互联网、社交化、大数据等新技术手段兴趣浓厚，并且迫切期望咨询公司能够就此提供帮助。

对于企业来讲，不能执行的方案就是废纸一张。不管是由于方案自身的原因，还是企业内部人员能力的问题，只要方案不能有效执行就没有达到咨询的目的。因此在这种模式下所有的咨询方案都应当是可执行的，并且要由咨询机构推动执行。

纯粹的战略咨询项目和战略咨询公司将进一步萎缩。此前有太多的失败案例——战略由A公司来做，而执行则由B公司来负责。而技术的革命将弱化战略和执行的区别。但这并不意味着纯粹的战略咨询公司就是绝路一条。未来，即使是战略咨询项目也需要具有交付经验的顾问，这样可以为高层次的战略计划和路线图提供一些执行上的建议。对于咨询业而言，这样的变革意味着以下两点。

（1）战略咨询公司将收购拥有执行和交付能力的资产。

（2）中小型的技术咨询公司有机会将价值链拓展至顶端的战略咨询。

由于企业的关注点已经发生改变，因此编制精美的咨询方案已经不能成为咨询项目结案的标志，取而代之是对项目咨询效果的评估。

社会治理结构的约束条件日益明晰，社会进入数据化之后，企业面对新经济、新技术的挑战日益严峻，新旧动能转换迫在眉睫，社会复杂度上升，在新形势下，很多企业需要增加新的商业能力，整合新资源，主动寻找新的生长点，它们非常需要咨询公司帮助它们应对缤纷复杂的竞争环境，提供以目标实现为导向、结果呈现式的一体化解决方案。

在互联网信息不对称的年代，兜售现成的咨询方案见效快，客户也能得到一定的“开阔眼界”价值，这在根本上利用了“甲方—乙方”信息不对称，是过去“提交 PPT 报告成果、拿钱走人”咨询模式的基础所在。

现在，大量 MBA、EMBA 课程开设，互联网上更是有大量的专业知识付费渠道，这种信息不对称被打破，“甲方”知道的东西可能不比传统咨询“乙方”的“库存”少。

这意味着咨询的具体工作模式必须发生改变，“甲方—乙方”的边界消散。过去可以当“乙方”蒙头干活，与甲方泾渭分明，只专注于拿现成内容做自己的 PPT 成果而不必考虑甲方的现实。现在，甲方的战略、运营和管理成果就是咨询方的成果时，咨询已经不能独善其身。

企业的战略输出触点应从原来的品牌走向企业整体，咨询公司的服务也应该相应转变为对企业的整体服务，其实就是破除了通常意义上的“甲方—乙方”关系。在管理咨询项目进行中，各咨询顾问必须与客户进行合作，为客户提供解决问题的思路，“授人鱼不如授人渔”。日本野村研究所认为：“咨询业的特殊性和个别性很强，定不出一个统一的模式。只有企业内部的人对企业最了解，咨询人员与委托企业密切合作，找出企业问题所在，共同提出解决方案，才是最好的咨询方法。”为了向客户提供更多有价值的东西，管理咨询顾问必须以互动的方式工作。在项目进行中，咨询人员必须与客户方高级管理人员共同组成工作组，共同分析、探讨问题，展开严谨的解决问题的活动，这样有助于加深彼此对议题的理解，并随着议题的展开而对最后建议形成支持性力量。这样就可以将客户对自身行业娴熟的知识与咨询顾问的技能、专长和经验最佳组合在一起，以营造推行变革的有利条件。另外培训了高级管理人员，有助于提高目标实现的可能性。

趋势六：服务产品化

传统咨询公司的运作模式100多年来都未曾改变，即向企业派遣咨询顾问进行问题诊断并给出建议和解决方案。虽然咨询行业的利润丰厚，但却面临着一个发展的瓶颈。也就是，如果一家咨询公司想要收入翻番，则也需要员工人数翻番，因为每个员工能给公司带来的收入基本是有一个上限的。“四大”也面临同样的困局，往往每个员工能创造的收入很多年固定不变，公司的业务收入增长也必须基于人员的扩张。

打破此种线性增长的方法之一就是采用科技手段，将专业服务的某一个环节“产品化”。如果某个服务的环节可以被自动化，就具备被产品化的潜力。

以德勤为例，德勤的Argus工具采用机器学习的方法来分析审计过程中的电子档案，由于具有自我学习的能力，Argus可以更好地识别出主要的会计信息。德勤除了在审计中应用Argus外，还在其咨询平台上应用Argus的技术。此外，麦肯锡的McKinseySolutions也可以被归为产品，因为其提供的是相对标准化的解决方案。而传统管理咨询的服务方式则高度定制化。通过此举，咨询公司可以在传统的“按工时收费”模式之外，推行“按结果收费”的定价模式。

专业服务公司是知识密集型企业，内部沉淀了大量结构化和非结构化的知识。目前，“四大”，埃森哲和IBM等公司都热衷于开发出新的产品或工具，来逐渐改变其商业模式，或开发新的服务，或提升现有服务的交付速度和质量。这些专业服务公司也对新技术的应用有着不懈的追求，大数据、人工智能、区块链，都是时下它们关注的焦点。

这些新产品的开发或由自建的技术团队来实施，或者是通过收购中小型软件企业或与大型软件公司进行战略联盟的方式来实现。德勤和苹果，普华和谷歌，毕马威和微软，安永和 Adobe 的战略联盟即有此意。“四大”中的企业也和一些商学院或慕课平台合作推出一些会计和数据课程。

咨询公司已经开始构架自己的技术团队，开发相关软件。一些大机构已经通过并购或自建技术团队来加速先进技术开发。这将导致项目周期更短，而小型咨询公司由于缺乏“技术加速”，与大机构之间的差距将进一步拉大，而咨询公司将提供更多的自助服务包。

零点有数董事长袁岳介绍说：“将来我们公共事务领域要把一个业务装配成为一个产品，我们要把整个业务大模块化，在每个业务里面有不同的模块推荐，对于客户来讲，我们给你看一个清单，你勾选就好了，把这个事情简单到菜单模式，一个菜单就是一个产品。我觉得我们技术部门过去研发的时候，我经常追着技术部门问‘你们到底在研发啥?’；我有的时候也会问下面的人‘你们在研发啥?’。其实技术部门的研发要跟产品一体化，产品有相当一部分会涉及数据智能，我们的研发要跟数据智能配合起来做复合式研发。举个例子，我们做的优警通里面文本分析这部分很有竞争力，我们把标签做成了资料库，这是我们现在独有而人家没有的。其实这个东西能分析警情，就可以分析其他的执法情况，可以分析工商执法，也可以分析办事大厅，这个就需要把所有的产品模块加以处理。产品其实不只是单业务部门的事情，要围绕一个产品形成焦点，把这个产品打造成信仰级的产品，我们永远在卖东西的时候还会顺便卖出很多别的东西，但是我们就有一个核心的产品，成为我们话语的核心。”

零点产品共创模式——案例分享

“以产品为中心→以市场为中心→以客户为中心”是市场竞争遵循

的普遍规律。越是成熟的行业，越是达成“以客户为中心”的共识。这就要求行业从传统的 B2C 模式进入到 C2B 的模式。想实现真正的 C2B，需要找到客户多样化个性需求和企业整体效率的平衡点，而这个探寻平衡点的过程是真正打开 C2B 大门的那把钥匙。

在这样的背景下，“零点产品共创模式”应运而生。这是一个与客户沟通互动的工具，通过产品使用场景库梳理、基于使用场景库设计匹配的产品、建立使用场景库与产品原型库的量化推导关系，以及进一步通过应用分析客户数据指导产品设计等环节最终搭建完成。通过线下、线上多种方式触达客户，客户扫码填答，所有数据实时呈现在后台。

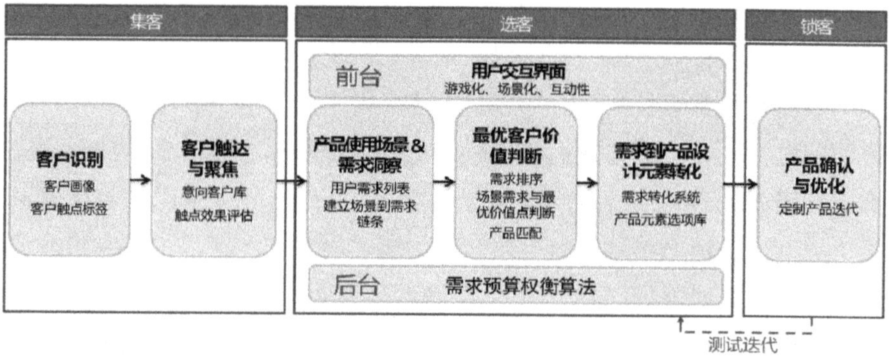

该模式在地产行业已经得到了很好的应用。客户 A 在某项目中依据客户互动洞察结果，提高洋房占比、调整了面积段和户型分布，满足客户需求的同时也增加了项目货值。客户 B 应用该模式，精准挖掘客户对公区配套的需求，利用后台 KANO 模型算法，计算得出小区配套的必要需求、惊喜需求，匹配客户需求的小区规划呈现使得该项目在同区域内去化速度和售价遥遥领先。

零点产品共创模式可应用于多个行业，如住宅地产、商业地产、快消、汽车、金融等行业，既可应用于实体产品设计也可应用于服务的设计。如汽车行业产品设计，车主可通过扫码答题选择符合自己用车习惯的场景，经过后台一系列算法，匹配适合该车主的产品原型。又如金融行业，客户通过答题选择自己在整个服务流程中的习惯或感受，经过后台计算后匹配合适的服务模式。

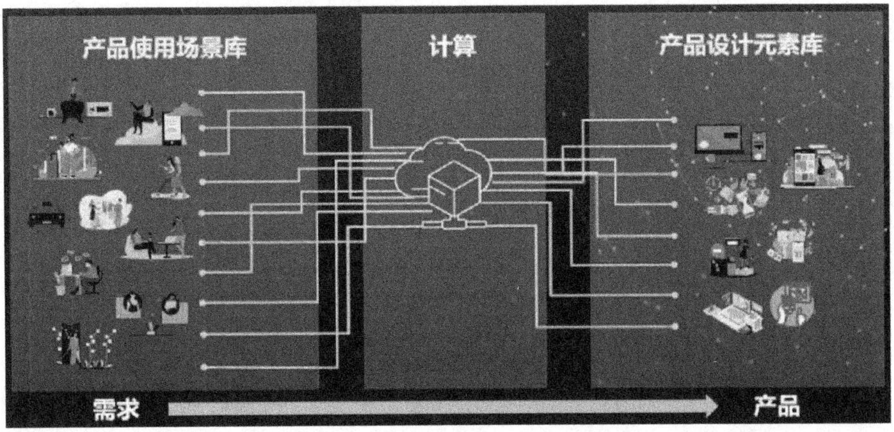

共创模式的好处在于：对于客户或服务对象来说，以漫画形式呈现自己的使用场景，便于理解和选择，选择后能够立刻生成定制的产品或服务效果；对于企业来说，通过后台数据积累和模型计算，能够找到客户需求的共性和个性差异平衡点，指导产品服务定制。

传统调研系统核心数据库存储于零点内部，委托方只能查看结果或导出数据库。而“零点产品共创模式”可以软件化，部署到企业的系统上，后台数据存储在企业内部。基于交互获取的大量客户价值信息，可使开发企业应用于新产品研发、产品售后、产品迭代等各阶段。

零点产品共创模式，是一套解决前期客研，到客户、产品定位、优化设计的数据智能决策支持工具。此外，零点在住宅地产、商业地产、汽车、金融、快消等各个行业领域上正在开发更多的问题解决型数据智能决策工具，通过整合各种数据收集、算法、分析模块，形成新一代的数据智能决策机制体系。

趋势七：“颠覆者”涌入

中国互联网发展到今天，从手机移动端数量、APP 数量，以及每个 APP 的使用时长来看，从互联网到移动互联网的转型，基本完成了。

传统的需求端消费拉动的动力越来越弱了，供给侧改革的呼声越来越强烈：效率提升、成本降低、创新业务、提升用户体验等，越来越成为企业需要重视的地方。

在国外科技行业，2012 年、2013 年的时候。to C 的公司市值和 to B 的公司市值，各占一半，如 to B 端的 oracle（甲骨文，全球大型数据库软件公司）。

但是中国却没有像样的 to B 端企业，为什么？因为美国的人口红利很早就吃光了，就不得不从内部效率上面做文章，所以发展起了强大的 to B 端服务能力。

中国企业前几年不是很重视 to B 端的服务的采购，但是最近几年普遍遇到了经营上的障碍：在管理、战略、营销、供应链，特别是技术实力上，普遍存在较大的差距。

怎么办呢？一个很重要的方面，就是通过企业的数字化和互联网化，使服务客户的效率获得提升。这种强大的需求，必然催生 To B 风口的来临。

中国互联网企业发展了 30 年，逐渐发展出了强大的数字化竞争优势，在世界数字化领域，都占有一席之地，如云计算领域的华为、阿里巴巴；搜索和 AI 领域的百度；社交领域的腾讯；新零售和数字化营销领域的阿里巴巴等……

To B 风口来临，互联网企业的数字化优势，以及传统管理咨询领域的门槛降低，为巨头进入创造了绝佳的条件。

华为咨询逐渐做大

先来看看华为的惊天大合同，令人咂舌的 1360 万元。数据整理咨询，其实也是安永等四大所从事的咨询业务，其实不管承认与否，华为一只脚都已经跨入了咨询业务。

虽然在传统咨询领域，还不如管理咨询公司，但是已经非常有王者气象了。这是华为最新的咨询产品线。

华为传统的咨询产品主要还是聚焦在电信运营商领域，其实华为可以把旗下的咨询行业可以通过整合、扩展，形成强大的咨询事业部，孵

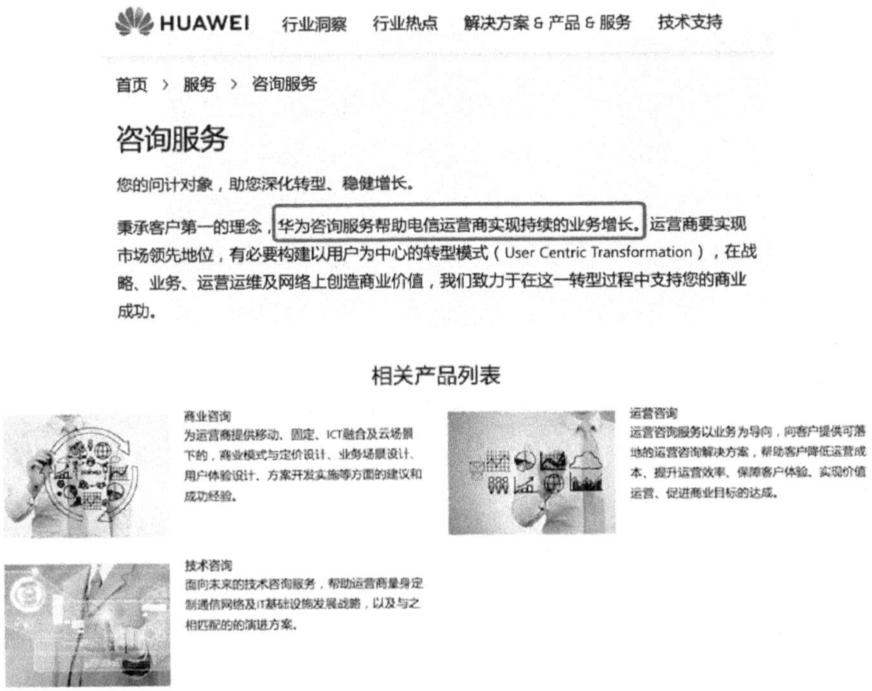

化出一个新的 IBM，或者埃森哲。但是据说战略要聚焦主航道，对这块业务不是很重视。那就让我们期待华为以后的新变化吧。

腾讯成立咨询公司

据天眼查显示，腾讯成立深圳市藤青企业管理有限公司，注册资本 100 万元，马化腾持股 80%，许晨晔持股 20%。总经理和执行董事均为马化腾，许晨晔则为监事。

公司经营范围是企业管理咨询，市场营销策划，企业形象策划，经济信息咨询，知识产权代理（除专利事务中介代理），开展收集、整理、储存和发布人才供求信息；国内广告（除网络广告发布）的设计、制作、代理、发布；计算机网络的技术服务、技术开发、成果转让。

至于腾讯为什么要成立一家咨询公司，官方还没有给出具体解释，但是我们有理由推测：可能是针对 to B 市场的一个提前布局吧。毕竟阿里巴巴和百度都进去了。

百度发力 B 端

2018 年百度成立智能云事业群组（ACG），发力 B 端，同时承载 AI to B 和云业务的发展，百度显然不想错失互联网下半场。

2019 年 3 月 1 日，汉得信息发布公告宣布获得百度战略投资，实际控制人向百度转让 5.26% 股份，并将公司总股本的 5% 所对应的表决权不可撤销地委托给百度行使。双方签署战略合作框架，将在云计算、共享服务、垂直业务等方面展开合作。

东吴证券研究员郝彪分析：汉得作为国内企业服务实施的龙头企业，拥有的核心资源是积累的几千家中大型客户资源和 1 万多名顾问资源。

双方在合作协议中表示，未来将共同拓展工业制造、金融、教育、医疗等领域的合作，由汉得负责具体项目的交付落地。百度向汉得提供人工智能、大数据、云服务及物联网为一体的云计算支持。

阿里巴巴咨询四处开花

电商、数字化、云计算等，是阿里的强项业务。阿里咨询服务，可以说在电商，数字化，云计算等各个领域开花结果。

据业内人士反馈，2018 年阿里和毕马威合作，2019 年在很多公司都有业务铺开，涉及战略、运营、流程、技术等各个方面。像阿里推的 ET 工业大脑，基本上就是咨询结合阿里技术的应用。

阿里巴巴在通过数字化赋能传统零售方面，给传统零售行业做出了表率。也表明了互联网企业在给传统企业赋能方面，具备强大的数字化优势。

巨头们厉兵秣马，杀入 To B 业务领域，必然会使传统咨询行业发生翻天覆地的变化，以及催生新一代咨询物种。

随着云计算、大数据、AI 等技术的发展，包括 SAP、Oracle、金蝶、用友等 ERP 厂商开始向云端转型，致力于成为一家帮助企业完成数字化转型的企业。

以汉得为例，基于百度云基础之上的 HR 系统、CRM 系统、HSRM

系统、合同管理系统、销售管理系统、预算系统、ERP/财务系统等产品或服务为基础的共享服务中心，共同设计并推广与共享服务中心相关的新商业模式。

也许，数字化转型服务能力，将成为咨询新物种的标配。

趋势八：内部咨询力量的崛起

按照克里斯坦森提供的数据，经典战略咨询业务在咨询公司营收中的份额从 30 年前的 60% ~70% 下降到今天的 20%，而职能性咨询、技术类咨询、委托/外包类咨询的比例则在逐步上升。这似乎表明，咨询业已经不再扮演导师与拯救者的传奇角色，而是越来越多地被看作一个外脑、帮手。在这一背景下，客户对于咨询公司所能够交付的价值将会有更为理性、客观的预期与评估；相应地，咨询公司的服务收费也难以长期维持在高位。

在很多人眼里，咨询公司很长时间以来一直在做的不过是在贩卖知识/理论落差：在信息流动受阻的时代，咨询顾问们通过为行业内不同客户提供咨询服务，逐步成为唯一掌握行业内多个企业信息、数据、实践的组织……这些他人无法获取的信息与知识，就成了咨询公司不断赢取新单的有利资本。然而，在这个愈加开放数据/知识的时代，咨询公司已经被从知识垄断的宝座上拽了下来……各种数据调研公司、商业资讯媒体，乃至知识工作者个体都参与到知识与信息的生产、消费之中，并促成了被称作“知识民主时代”的到来。在这样一个时代，掌握信息本身的重要性已经大大降低了。

咨询公司的人员流动率是非常高的（据说一些顶级咨询公司可以达到 20% 左右），其中很大比例的人员都流向了甲方客户。这些原先的顾问，加上原先客户内部具备商业常识与技能的员工，足以组建起一股强大的内部咨询力量。而对于客户而言，虽然由于种种原因，内部组建的咨询部门/团队不能完全替代外部咨询公司，但是仅就一般咨询需求而言完全可以被满足；与此同时，开展项目的成本预算大幅降低，并且可以避免了知识的外流。

趋势九：智库与咨询业发展的融合

习近平总书记就“中国特色新型智库”做出过重要批示，将智库发展提升到国家战略高度。习近平强调，我们进行治国理政，必须善于集中各方面智慧、凝聚最广泛力量。重点建设一批具有较大影响和国际影响力的高端智库，重视专业化智库建设。这既为中国智库的发展提出了挑战，也为各类智库发挥作用提供了广阔的空间。为加强中国特色新型智库建设，中共中央办公厅、国务院办公厅印发了《关于加强中国特色新型智库建设的意见》。

互联网是未来发展大趋势，大数据、云计算等新信息技术应用和创新模式是颠覆传统行业的必然，植入互联网思维是转型升级新型智库的有力手段。国家对智库产业政策的支持，智库市场百花齐放，百家争鸣，国内各类新型智库机构和业态形式涌现，市场竞争日趋激烈。国外在华著名智库咨询公司在国家层面涉及安全等重要领域，包括政府、大型国企的咨询业务有所限制。

2019 年拥有智库数据最多的 10 个国家

名次	国家	智库数量/家
1	美国	1871
2	印度	509
3	中国	507
4	英国	321
5	阿根廷	227
6	德国	218
7	俄罗斯	215
8	法国	203
9	日本	128
10	意大利	114

2019 年亚洲大国（中国、印度、日本、韩国）智库百强榜单中的上榜中国智库情况

序号	智库名称	排名
1	中国现代国际关系研究院（CICIR）	4
2	国务院发展研究中心（DRC）	8
3	中国社会科学院（CASS）	11
4	中国国际问题研究院（CIIS）	12
5	全球化智库（CCG）	18
6	清华 - 卡内基全球政策中心	19
7	清华 - 布鲁金斯公共政策研究中心	20
8	北京大学国际战略研究院（IISS）	25
9	中国金融 40 人论坛	31
10	上海国际问题研究院（SIIS）	35

资料来源：《全球智库报告 2019》，美国宾夕法尼亚大学“智库研究项目”（TTCSP），2020 年 1 月 30 日。

新型智库产业互联网化的必然。以产业互联平台建立新型智库，市场空间巨大，在以互联网平台为依托的新型业态市场，应用型公司值十亿，平台型公司值百亿，生态型公司值千亿。打造整个产业链的资源融合平台，以现有研究内容资源和行业大数据为核心，实现智库产业链生态圈，从研究，咨询，智库思想、信息产品生产、规划、设计、数据收集、全媒体、发布、推送、营销，到用户及反馈调研等，营造良性生态环境，实现智库产业的各种大规模或个性化需求服务。

互联网平台作为一种新型商业形态，显示出强大的竞争力和巨大的发展潜力，其奥秘在于平台能够产生网络效应，而网络效应呈现规模递增的特性，即随着平台规模增长，其网络效应更强。

互联网平台规模增长具有高度弹性，可扩展平台集群，可连接关联平台，可孵化，可内涵，可外延，可自媒体，可广度传播，可对接各类数据接口，可产生海量数据，可多方共建，多方共享，多方协同。还可

形成自适应的产业生态圈。

智库产业互联网平台化，应用数字化技术凝聚更多专业资源和深度融合能力，打造更全面信息、数据、专家的资源汇集和多方面综合分析和应用平台，提高智库指标的内容宽度、深度、专业度、实时数据和多学科参考度，为用户提供多维指标和分析研究成果，最大化社会变革动态指标和多维指标应用的关联互动性，可更客观提供更有效的动态智库可行性应用。

国装智库秘书长周永亮介绍说，制造业，尤其是装备制造业，作为国民经济的主体，是强国之基、兴邦之器。经过多年发展，中国已经成为世界第一制造大国，但在核心技术、品牌优势、创新能力上与发达国家还有相当差距。特别是贸易保护主义抬头以来，中国制造“大而不强”现状亟待变革，装备制造业的转型升级仍是重中之重的任务，需多方推进。同时，为了贯彻党的十九大精神，落实中共中央办公厅、国务院办公厅印发《关于加强中国特色新型智库建设的意见》的通知，作为国务院国资委举办的中国装备制造业国家级首席智库——机械工业经济管理研究院，在国家部委的指导下，联合国家级协会、科研机构、中央级媒体，决定发起成立国装智库，充分发挥国家级装备制造业智库的智慧资源，整合金融资源、创新资源、技术资源、产业资源、政府资源和项目资源优势，为装备制造业的转型升级、先进制造业的发展以及地方产业经济的崛起贡献自己的智库力量。

在他看来，中国梦的实现取决于中国制造业是否能够走向世界前列，而完成《中国制造 2025》使命并推动中国制造走向世界，一定依靠一批优秀企业家的崛起。生逢盛世是中国企业家和创业者的世纪幸运和千载难逢的机会，而中国企业家如何承担制造强国的使命，则需要深刻地洞察新时代的机会，同时对于面临的挑战也要有充分的准备，提升自己抓住机会、解决挑战问题的思维和能力。不管现在面对看起来多么难的问题，我们都永远记住：欲戴皇冠，就要承受皇冠之重。我们一定会遇到国内外各类意想不到的挑战。只有克服了这样困难的企业领导者，才能称得上真正的企业家。

智库的研究能力与咨询的落地能力相结合，不光是企业咨询，还有国家、城市、行业、技术咨询。重视研究成果的实用性，不进行纯理论研究，注重对实际问题进行深入调查、分析、研究和判断，重视研究成果的针对性、实用性和可操作性。

从企业管理层面看，现代西方管理理论认为，一个资产超过千万美元的企业，如果没有智囊团，其生命周期不会超过5年，因为任何一个重大的决策失误，都会葬送这个企业。

智库与咨询机构融合学术与实践，在管理机制上要融通多元，发挥“上接天线”“下接地气”的各自优势。理论应当是从社会中来，到政策研究机构，经过学术论证，到政策决定中加以实施执行，再由社会效应进行进一步验证、并加以修正和继续的过程。而这个过程是需要人和机构来完成的。如此涉及宏大场景的理论，也需要有好的机制，允许人员和机构在这个场景中全程参与，建立起智库与咨询机构之间的长效互动及合作机制。

“深度咨询＋系统化工具”的协同型产业互联网推进是必由之路

国装智库秘书长　周永亮

在制造业领域，产业互联网作为互联网时代的趋势已经成为共识。不过，从最近5年国内制造业推进产业互联网的状态来看，根据我接触的企业以及查看的相关材料，似乎是仁者见仁、智者见智，且认为完成产业互联网布局的少之又少，问题倒是出现了一大堆。问题主要体现在以下几个方面。

一是产业互联网的基本内涵究竟是什么仍是莫衷一是，因此，对于产业互联网在制造业的应用切入点都是争议不断。不过，从制造环节切入，构建智慧车间，进而形成智慧工厂，似乎是最为普遍的一种切入点。但是我们都清楚，产业互联网提升的是整个制造业价值链智能化象征和整体效能，仅仅是制造环节智慧化，很多情况下并不能带来总体成本的降低及整个价值链的效能提升。

二是ERP时代的孤岛化现象带入到产业互联网时代。不少企业在原有ERP基础上进而推进产业互联网的落地应用，价值链的很多环节都引入了具有产业互联网特征的软件、硬件和解决方案。但是这些软件、硬件以及解决方案，如何有机融合并产生极大的协同效应且创造价值，却成了很多实施产业互联网企业的心头之痛，花了很多钱，但是整体效能并不理想，项目浪费现象也比较严重。

三是即便已经用上的产业互联网系统持续运营改善的能力也成了一个很大的问题。我们的制造业企业数量众多，素质参差不齐，即使比较准确地引入了产业互联网软件硬件及解决方案，也发挥了很多的作用，但是自我更新、自我持续运营的能力也是一个严重的问题。看上去很好的东西，项目做起来不好，进入持续运营阶段后，问题频频，很难与企业的核心运营融为一体并成为持续运营的基础。

以上问题的主要原因为：引入产业互联网的企业决策者还没有想明白产业互联网运用的本质，也缺少全面了解的细心和耐心，很多企业的负责人和操作者对于产业互联网工具使用不熟练，甚至都不了解，似乎"一联就成，一联就智能"，对引入产业互联网的本质、方法、内容缺少认知。当然，我觉得也有一些产业互联网供给侧公司不太了解客户需求而进行生拉硬套的缘故，我与很多产业互联网提供者进行过交流，每家都有自己的独门暗器和拿手绝活，但是都有明显的缺项而自己又无法解决，对客户的真实需求不了解，甚至即使了解了，也无法进行满足，只能是自己能做什么就做什么。

随着5G技术的运用、随着大数据时代的完善，以及中国制造业龙头企业的觉醒，2020年，我们的产业互联网也应该升级了。这种升级的大致方向：

一是以创造价值为导向将取代以智能化为导向。最近几年来，产业互联网的应用都是基于制造业的智能化、实现智能制造为目标，但是忘记了智能制造究竟又为了什么，结果就出现了有的企业智能化程度非常高，谁看了都说好，但是企业几乎濒临破产。为啥？没有客户订单。说明，智能制造本身不是目的，价值创造才是初心。其中有不少是政府机关推动，企业自己都没有充分认识到其价值，反正是政府给补贴搞。结果是搞出来一个可供参观的样板，但是无法创造价值，甚至本身就是“负价值”。

二是补课型引入产业互联网成为必然。产业互联网成为热词是几年前的事，很多企业实践了几年后发现，自己是一片菜地，引进拖拉机作业，只能是一滩烂泥。也就是产业互联网的引入并发挥作用是需要基础的，我们大张旗鼓地推进产业互联网这样的“高精尖”需要坚实的基础。这一坚实基础的主要内容首先是企业的数字化，数字化的程度直接决定着产业互联网的应用效率。其次是自动化，很多企业的自动化水平还处在很低的程度，还谈何互联网化和物联网？第三是精益化。我们的很多制造业生产以及价值链过程还很粗糙，连精益的关还没过，就大张旗鼓地搞什么“产业互联网”，甚至打算用产业互联网这个所谓的弯道超精益生产和自动化的车。结果。可想而知。因此，2020 年，很多企业，甚至已经实施产业互联网的恐怕还要进行补课。

三是深度咨询 + 系统化工具的协同型产业互联网推进是必由之路。推进产业互联网的应用，不能采取移植的方式，不管你用的技术多么先进，也不管你是多么大牌的产业互联网技术应用公司，如果对于客户的需要不能有个系统的判断，与客户的价值链关键环节不能深度协同，一旦到企业应用层面，都将遇到死结，甚至给客户带来万劫不复的结果。所以，2020 年开始，我们的制造业企业引入和完善产业互联网的应用，一定有系统的思考，与相关咨询机构形成深度的协同合作，而不仅仅是项目的引入，紧紧围绕着自身的价值链关键环节，循序展开，步步为赢，让产业互联网工具与方案成为价值链的赋能要素。

2020 年，是我国“十三五”规划的收官之年，是“十四五”规划开始准备的一年，距离《中国制造 2025》的战略目标还有 6 年，是我国全面建成小康社会的一年，自然也是中国制造高质量发展的验证之年，而产业互联网则是推动中国制造业高质量发展的关键举措和路径。我也希望我们的制造业企业通过产业互联网的赋能实现脱胎换骨的价值，我们装备制造业智库同仁应该成为推进产业互联网应用的重要力量。

趋势十：向前走VS向后走

进入新的时代，使命引领替代战略引领成为管理（政治管理、经济管理尤其是企业管理）的选择甚至成为管理流行词。就算是不相信这种理念的领导者，也受到来自董事会、投资者、员工和其他利益相关者的压力，被迫给出组织使命，写出使命宣言。于是“使命驱动型组织”应运而生，它强调系统化，整个组织内部通过“使命”联结为一个利整体。他强调员工个人使命与组织使命的联结。这种系统化实现了组织内部“为谁工作”的一致性，这就解决了众多组织中普遍存在的内部壁垒形成严重内耗的问题。

为帮助企业找到企业文化、品牌以及转型变革方面存在的问题，同心动力运用自主研发的“使命型组织”诊断工具，结合自身20年发展积累的案例库数据，向企业提供较为系统化的企业文化或品牌建设思路，或者以使命为驱动，提出“使命型组织”转型升级的思路。

北京同心动力企业管理顾问有限公司董事长孙兵认为，未来的咨询发展有两个方向：一个是往前走，一个是往后倒，两者各具特色。往前走就是算法、大数据、区块链这些现代技术的应用，往后倒就是回归初心、回归本源、回归核心、回归本质。

他解释说，原来给客户做文化咨询，就是讲使命、愿景、价值观这些理念的东西，现在变了，现在更注重于为什么要写这些话、为什么要做这些事情，甚至替企业替员工想清楚大家要为什么在一起上班？大家是不是愿意这样做？如果不愿意做的话那为什么还要在一起？使命驱动型组织的操作形式很简单，比如一个环节就是把公司高管叫在一起讨论，最后发现你自己内心想干的事情和公司干的事情是真正的走在一起了。最后形成三个连接：使命连接、愿景连接、价值观连接。这样组织和个人的追求就越来越趋同了，我们经常强调的使命感、责任感和归属感，就不再成为一个愿望和口号。也只有企业家知道：这“三感”有多重要！

在孙兵看来，中国企业伴随中国40多年的改革开放，基本掌握了西方优秀管理科学中的“硬件部分”（治理结构、经营、市场竞争、价值与绩效分配的机制、科技进步等），创造了卓越的物质价值，也积累了一些朴素的商业人文精神。但是整体上来看，无论是商业教育还是企业研究，无论是管理实践还是咨询服务，是普遍缺乏方法论探究和有效方法的，很多企业对“使命驱动型组织”“使命故事挑战”“使命联结”等名词闻所未闻，甚至对中国初始的民族企业的“家国情怀”的研究也很少，所以能够进行深入管理实践的更是凤毛麟角。

“使命驱动型组织”建设的重点在于“人”。其背后的基本逻辑是“以人为本”的哲学观点，基本假设是相信人可以通过自我驱动实现个人价值的最大化，而这种“主动努力”的效果远大于在制度管束下“被动努力”的效果，能够为其所服务的组织产生尽可能大的价值。现在我们进入高质量发展的历史阶段，高质量发展最重要的就是高信仰。我们第一不要小看自己，因为中国人要学习世界的方法，但更要超越世界；第二不要委屈自己，要给自己的员工加足能量，不要跟员工算账。最后就是：咨询再难总是要有人做，咨询管理者应该多思考怎么把咨询当成一个快乐的事情，让员工也可以觉得很有意思、有价值，而不仅仅是挣钱。以追求使命为核心的企业价值文化的创建，是我们很多组织寻找的目标，咨询人要用高质量、高价值和高信仰为客户提供服务，在劳资规则下，让员工能在组织中找到归属感。

孙兵总结道，“企业所有的问题都是人的问题”（埃德加·沙因），只有人的意愿和组织的机制相互结合，企业才能真正地焕发“群体使命感”与责任心，事半功倍地驱动组织的深层次变革和全面的转变。但是很多组织和管理者过于迷信“比较直接”的体制机制建设，对企业章程、基本法、经营管理原则等趋之若鹜，忽略人的“意愿”和意义感，以至于什么规则都有了，就是很少有人愿主动有意地认真落实，最后事倍功半，事与愿违。

趋势十一：“咨询服务”进入2.0时代

IBM指出，企业咨询服务到了关键的变革关口，传统的企业咨询模式已经不能满足数字化时代企业转型的需求，咨询行业正在走向“企业咨询服务2.0”时代。这为企业如何应对智能时代的挑战、咨询公司如何帮助企业实现数字化转型指明了方向。

“认知型企业”——AI时代的企业发展趋势

20世纪40年代，人类进入工业化发展的第三个阶段，继蒸汽机、电力之后，信息技术开始成为推动社会发展的核心动力。在这一阶段，技术在企业中的重要性不断上升，逐渐从后台办公的支撑转变为全方位塑造企业的核心因素，企业业务架构也在技术应用的过程中不断发生变化。

随着数字化趋势日益成熟，新一波超越数字化的浪潮初见端倪。以人工智能、区块链、物联网、机器人流程自动化、虚拟现实和增强现实以及3D打印等为代表的新兴技术迅速崛起，新一轮业务架构变革蓄势待发，“认知型企业”成为发展趋势，并逐渐呈现出三大特点。

第一，以平台为中心。数字化平台战略已经成为企业实现领先和逆袭的重要手段。在某种程度上，平台是重塑生态、重新找到自己合理位置的过程。48%的受访企业高层主管考虑或已经采用平台架构。他们希望通过构建平台，加强核心能力，扩大业务的地理覆盖范围；成为行业平台的霸主；或者拓展传统领域的创新优势，抓住跨行业的市场机遇（例如，汽车企业成为出行平台，连锁酒店转型为娱乐公司，或者保险公司转型为储蓄机构）。

第二，机器学习型企业。要使平台具备差异化优势，关键在于发挥企业的核心数据价值，使得工作流程具备持续的自我学习和自我优化能力，并由最新形式的人工智能和极致的自动化技术提供支持，包括“感知”物联网技术和区块链技术。

第三，高度灵活的模块化企业。认知型企业将由多个平台构成，一些为自身所有、一些自外部采购，还有一些是租借而来。如果企业能够最有效地协调这一系列平台，组建更广泛的生态系统，日后必将取得更大的成功。

“企业咨询 2.0”时代来临

随着信息技术开始驱动商业模式、运营方法和执行过程的“进化”，几乎所有咨询活动都必须考虑信息技术的影响。咨询业正在从以传统管理理论为基础的“商学院”模式，走向以创新技术和实践为基础的“科技院”模式，整个行业开始步入“企业咨询 2.0”时代。

传统战略咨询，即“商学院”模式，主要依靠的是西方国家在百年工业化历程中所积累的管理理论，更多的是在传统技术条件下，帮助企业解决战略规划、组织架构、财务绩效等核心管理问题。而在新的数字化技术条件下，战略、组织、流程、绩效都产生了新的方法，即数字化企业的新管理方法。过去，企业对咨询公司独到的方法论、经典案例顶礼膜拜，是因为国内的管理实践大大落后于西方。但目前这种差距正在缩小，数字化带来的新挑战把全球企业拉到了一个起跑线上。企业需要咨询公司跟他们一起开发新的数字化战略，并能够将方案落地实施。

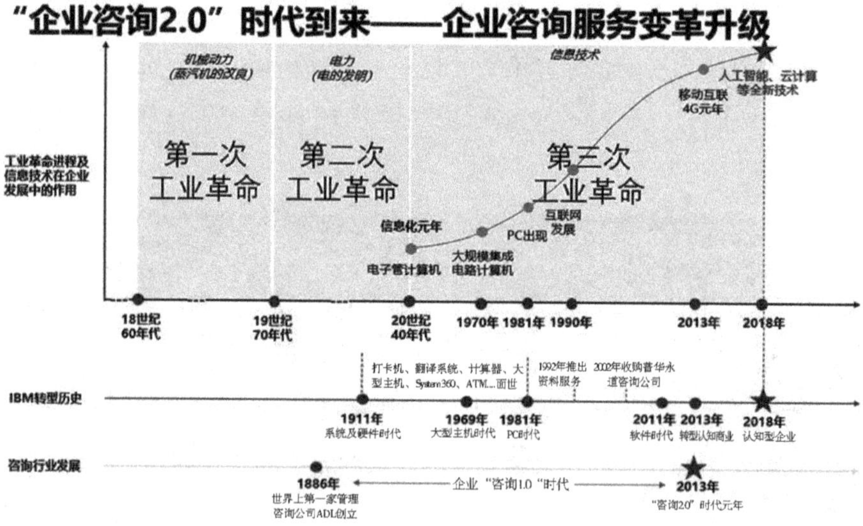

数据来源：2017 年《传统企业的逆袭》，IBM 全球高管调研报告。

技术推动企业内外部重新分工，相比于以传统管理理论为基础的"企业咨询 1.0"时代，现在已经无法抛开数字化技术来谈战略、商业模式、运营与管理，咨询已无经典案例可借鉴。总结来说，"企业咨询 2.0"时代的"科技院"模式是：从企业愿景到机制全面数字化的咨询模式。它以客户需求为中心，以结果为导向，以技术驱动业务为核心，与客户共同创新，不是学习经典，而是共同创造。在咨询过程中采用由外而内的敏捷迭代的工作方式，不断调整，最终得到一个逼近理想结果的新咨询模式。具体来说主要有以下几个特点。

第一，技术驱动。在人工智能、区块链、物联网、机器人流程自动化等新兴技术走上舞台、成为企业发展核心驱动力时，企业的发展和业务运营对信息技术的依赖越来越大，数字化已经成为影响企业战略的关键因素。做企业咨询的业务战略不可能不考虑技术，IT 引领业务已经变成了现实。

第二，共同创新。数字化时代全球的企业都站在了同一个起跑线上，以技术创新为驱动的咨询不再是单方面的理论传授和套用，新的技术还在发展，没有现成的经验可以照搬，也没有哪家企业的转型之路完全符合另外一家的要求，加上技术的应用也在摸索之中，企业的转型需要和咨询顾问共同探索，一起创新。

第三，结果导向。新兴技术正在推动企业业务架构变革，引发企业内外部的重新分工。企业需要重新思考自身的定位，重新构建创新、运营的模式，重新评估和改善企业在市场环境中的定位、企业和员工文化，以及与客户和合作伙伴的关系等。企业咨询服务要基于客户快速变化的业务目标，提供以结果为导向的咨询服务，帮助客户挖掘需求，快速实现业务变化，实现经济效益和效率的提升。

第四，敏捷迭代。在技术发展、竞争环境快速变化的环境下，战略不会一成不变，需要咨询公司快速部署、验证并持续调整战略，帮助企业实现敏捷迭代。客户和消费者变得比以往更强大，以前的客户需求简单和明确，但是移动时代到来之后，被赋能的消费者需求变得很难探求。因此要借助设计师思维（Design Thinking）更好地了解客户需求，再通过敏捷的方式去试错，不断修正，最后经由设计师工作坊交付出来。

第五，共同成长。早期的企业咨询服务是咨询顾问提供经验成果，由企业自行结合自己的业务模式灵活运用。“企业咨询 2.0”时代，需要咨询公司与客户一起重新探索新的市场定位，其中技术运用的复杂度和难度也超乎以往。这种探索带来更大的不确定性，不断试错过程中也需要咨询公司持续提供支持。因此未来的企业咨询服务需要长期协作，伴随客户一同成长。

趋势十二：公共服务咨询开启“黄金时代”

这次抗击新冠肺炎疫情，是对国家治理体系和治理能力的一次大考。发动基层社区，开展联合防控；运用大数据手段，精准分析疫情，智能高效防控……无论是防控手段的技术升级还是管理手段的充满温情，各级政府在迎接疫情“大考”中的理念转变，不仅让人们看到了中国公共治理“硬核”的一面，其执政“智慧”的光芒也逐渐显现。从“硬核”到智慧，体现在防控思路的转变，科学有效统筹各项工作。从“硬核”到智慧，是政府完善治理体系、提升治理能力的必由之路。

社会发展的多元化大幅度提升了政府决策的难度和复杂性。我国政府亟须在全面深化改革进程中建立切实有效的公共政策评估机制，用以提升重大决策的效率与科学性，其不仅将成为推进“国家治理体系和治理能力现代化”的落地性环节，同时也是打造“中国特色新型智库”的重要着力点。

随着网络化、数据化和智能化时代的来临，大数据分析正成为当代公共决策必不可少的重要环节，以云计算、物联网、移动互联网等信息通信技术及智能化平台为基础的数据化与智能化决策成为当代公共决策发展的新方向；脑科学、认知科学、神经心理学、社会物理学、人工智能等前沿学科的突破，行为实验、社会计算、政策仿真、虚拟现实、机器学习等技术方法的应用，为复杂性公共政策的行为、模拟、实验和预测研究提供了新路径；基于证据或数据的循证决策超越了传统的理性模式，成为当代公共决策的一种新范式或新模式。

中国科技咨询协会通过对中国政府采购网上公开招标信息的初步汇总估算，2018 年公布了具体采购额的政府服务性项目约为 5000 亿元，其中公共咨询类服务的采购额度约为 120 亿元，比 2017 年的公共咨询类服务采购额度增加了 67%。把这个占比当成一个有推断价值的抽样结果，那么就可以推算出在 2018 年的 12 000 亿元的整体政府服务性采购额中，公共咨询类服务的采购额接近 300 亿元。假设政府对于公共咨询类服务的年度采购增长率不变，则 2019 年的公共咨询类服务采购额会接近 500 亿元。

政府管理活动可以分为决策、执行、协调、监督等，其中决策活动既是政府管理的首要环节，又是破解政治、经济、社会等问题的重要前提，甚至可以说“管理就是决策”。然而，在中国经济社会迅速发展并取得令世人瞩目成就的同时，社会利益结构日趋复杂化，政府面临着更为复杂的决策环境，决策失误时有发生。为防止政府决策随意性，提高决策科学性，促进政府与社会公众良性互动，我国公共决策过程中引入专家咨询制度非常必要。在重大决策中，要引入平行论证机制，这样有利于丰富决策思维，降低决策风险，能更有利于过程管理。

在大数据环境下，科学技术飞速发展，绩效评价中越来越多地用到信息技术，目前地方政府公共服务能力已改变了以往的绩效评估方法，应当在借鉴国外绩效评价研究的基础上，以地方政府公共服务能力绩效评价结果为导向，坚持“以人为中心”，明确主体角色，实现数据交互与共享，实现信息的互联互通，建立健全地方政府公共服务能力绩效评价相关法律法规，采取具有针对性和现实意义的地方政府公共服务能力提升措施，从而提升地方政府公共服务能力建设绩效评价水平。

进入21世纪以来，全球科技创新进入空前密集活跃的时期，新一轮科技革命和产业变革正在重构全球创新版图、重塑全球经济结构，科学技术深刻影响着国家前途命运和人民生活福祉；与此同时，中国正进入全面深化改革新阶段，必须以科学发展为主题，以加快转变经济发展方式为主线，使科技创新真正成为经济社会发展的主要驱动力。

在世界新一轮科技革命和产业变革同中国转变发展方式的历史性交汇期，中国改革发展中的稳定难题和应对全球性问题，迫切需要科学咨询和科学决策，要充分发挥高水平科学家和科技智库的智力优势和核心智囊作用，洞悉未来科技发展趋势，准确研判发展方向和战略重点，围绕事关国计民生的重大战略问题，紧扣国家发展新战略、新形势、新需求，提供准确、前瞻、及时的建议和系统解决方案，为推进党和国家科学决策、民主决策、依法决策，推进国家治理体系和治理能力现代化贡献更多智慧和力量。

八问中国公共咨询服务

——这块1000亿元的“蛋糕”该怎么切?

零点有数创始人　袁岳

第一个问题：谁是中国公共咨询服务的购买者?

中国公共咨询的购买者广泛分布在党政部门和公用事业单位，包括有官方背景的媒体和学术机构，如果按照我观察到的现在业务总量最大和增长最快的情况来说，政府职能部门在这个中间扮演最重要的作用，同时有以下几个特征的政府单位在公共咨询服务购买中表现尤其突出。

首先是从购买的系统性来看，最强的是垂直的管理部门，特别是跟民生、产业发展关联最强的政府部门，包括了工信、科技、发改、民政、人社、城乡建设、税务、市场监督、农村农业、环保、文化旅游等，尤其是中央部委部级、省厅和市局构成的购买表现很显著。

其次是中心城市政府，城市面对的治理问题突出、直接、集中，从整个财力、治理能力来说也比较强，所以公共咨询购买表现也相当明显。

最后是东部沿海地区和新一线地区的政府部门，东部沿海地区城市与新一线包括了顺着长江、黄河的沿线像武汉、成都、重庆、西安、郑州等城市，这些城市注重成效，也重视创新，相对来说购买行为也比较活跃的。

第二个问题：买什么样的服务?

目前据我的观察来看，公共咨询服务在两端化的特点最为明显。前端主要是在摸底，搞清底数，弄清基本情况，帮助决策者做出合适的判断，同时提出相应的对策和建议。后端主要是政策落地以后的成效，做成了什么，老百姓的满意度，做得好和做得不好的地方分布，优化对策的方向，这也是比较突出的。

在这些里面，其中跟民生关联的事项，无论是医疗、建设、市政、公用事业，还是某一些如产业发展、财政预算绩效等，这些工作现在都更加会强调第三方所提供的服务，第三方要把第一方的感受和第一方的问题更好地说明，提出更好的解决方案，不只是听第二方的。李克强总理对第三方的评估特别重视，强调不应该是行政部门自说自话。如果我们把后期基于评估驱动而加以优化的这一类的咨询前期摸底，然后来前期摸底与政策创议相比较，我估计是在（3～4）：1这样的比例。

尽管很多人会提出，往往智库所做的一些研究，是高层决策者关注的一些重大议题、宏观议题。的确如果从学者研究的角度或者智库研究的角度来说，他们关注的往往是重点和热点问题，但事实上真实的公共咨询往往是非常具体的问题，这里的问题可能会跟解决具体的环境污染、河道改造、交通优化、社区管理、产业设计、平安城市直接联系。比较而论，如果跟公共咨询的职能性部门买单的公共咨询投入相比较，决策智库工作所占的投入比重还是较小的。按我观察的来说，如果职能性部门的购买是100的话，高层智囊课题的买单大概不超过5%。

第三个问题：谁在做？

基本上现在有7类机构在提供公共咨询服务。

第一类机构是国内民间的研究咨询机构，针对公共领域提供范围广泛的咨询服务。

第二类机构是国内以数据或者数据智能技术出发的专业机构，尽管目前这类服务的机构数量比第一类小一些，但它成长的速度非常快。

第三类机构是国际的咨询机构，它们有国际化的逻辑、国际化的框架和模型、国际化的服务经验，其中尤其以四大会计师事务所关联咨询机构的表现最为突出。

第四类机构是以高校为基础的机构，尤其是有某一方面的专业背景的学术团队，比如说财经类大学在国家的预算咨询中往往会有一些机会；公共管理类的学校在绩效考评、干部公共管理团队的管理文化、训练、应急管理、危机管理、营商环境管理、廉政建设等方面会有相当的影响；产业经济和经济学研究类的学者，往往会对我们国家五年规划的早期研究、新产业发展的筹划等方面会有自己独特的影响，而如果是党校和行政学院这个类别的，由于他们既有体制内人员上的联系，也有专业上的关联，可能对不同时期的重大政策从出台到评估都会有着挺大的作用。

第五类机构是研究型事业单位，比如财政部下面的财科院，人力资源社会保障部下面的人事科学研究院和劳动科学研究院，发展改革委下面的宏观经济研究院，科技部系统下面的很多研究单位，这些在部委下面的事业单位因为体制距离近就能够更多了解部委的需要，而且数量相当多，甚至在不同细分领域都有一些研究单位，发挥着非常重要的作用。

第六类机构是与社科院和中科院背景相关的社会科学和自然科学研究机构，当它结合到政策导向领域的时候，也能够得到相当一部分政府部门领导的认可，有机会参与很多高层论坛、高层政策研讨。

第七类机构是与政府与国有机制相匹配的咨询机构，比如说发展改革委下面的咨询公司做发展改革委重大项目的可行性研究有优势，很多专业部委下面有专业的工程咨询机构来做水利、高铁等重大国家基建项目的咨询，也有一些与大国企所匹配的专业咨询公司。

如果我们做整体描述的话，目前会有三多三少的现象：想做上层的业务比较多，但是做基层业务的比较少；做发达地区的业务比较多，面对困难地区的项目提供的服务会相对比较少；以商业类的形态来做的委托服务项目类型发展比较多，以公益类的研究形态来发展的这个部分相对比较少。

第四个问题：这个生意有多大？

到目前为止我们国家并没有一个统计数据持续说明公共管理咨询的业务量有多大。

判断这个数量有多大，从纵向的全过程角度来说，首先是最基础的数据和信息的收集，然后是早期的规划和设计，然后是构建行动体系包括监测整个运行的有效性，也就是过程评估与过程咨询，发现问题，不断优化，不断提供资源协调，并在后期的时候进行成效评估，在评估的基础上再提出优化的解决方案。

如果是从横向的角度和类型的角度来说，国务院有几十个部委，党中央有若干个部门，党政部门都放在一起，其实各个部门都有公共咨询的采购记录，比如地质部门有关于地质工作数据分析的服务；气象部门有专业的气象数据分析服务；财政部门现在普遍开展了财政预算绩效管理，产生了大量的财政预算绩效评价和基于评价的财政预算优化的咨询；公安部门在优化智慧警务、平安社会建设领域无论是数据获得、数据分析、数据智能，还是探索性地解决新遇到的各类挑战平安社会的问题，比如随着网上服务的发展，出现大量的网络诈骗、网络赌博、网络色情、网络传销等这样的情形，就意味着要有很多的治安对策咨询。从这些事例，可以看出采购宽度大大拓展。

最近我国又要开始规划新一期的人口普查了，在过去的三到四年中，中国的经济普查、环境污染源普查、海洋资源普查，以及很多地方做的体育资源普查、文化资源普查等，这些工作以往都是行政系统自己来做的，现在已经开始大量外包给社会咨询机构、调研机构、专业服务机构来承担。在大数据中心、工业互联网等新基建项目发展的前提下，就意味着大量数据应用需要的丰富和聚集，全域的数据治理也成为一个非常重要的工作，在数据治理的基础上，基于大数据的公共管理咨询和公共算法的发展，也将极大地提升公共咨询的水平，这就是领域的扩展。横向和纵向这两者的扩展，就意味着传统的公共咨询的疆界极大地扩大了，而在这个过程中，出于技术、政策和效率考量的投入也极大地加大了。

最近中国科技咨询协会秘书长璐羽女士的文章中，基于中国政务采购网上的公开数据，大概推算了一下在中国政务采购网上涉及的广义的公共管理咨询业务，包括基础摸底、掌握情况、早期研究到形成对策、评估对策落地的成效，中间既包括传统形态的调研咨询、也包括新形态的数据智能，大概2019年整个采购总量在500亿元左右。以这个数据为基准，说明这两年公共咨询的成长速率是非常高的，站在新基建的角度来说，就意味着未来社会的建设、产业的建设、城市化的管理，都将在这个基础上来思考问题。所以我们预期在这个领域里，尤其是基于大数据和数据智能的公共咨询将在总的公共咨询中间占据更大的份额，而整个公共咨询也表现出更强的增长势头，如果用“十四五”完成时来说，这至少是一个1000亿元规模的领域。

第五个问题：这个生意是怎么做的？

咨询方法论定义咨询业务的特色、能力、规模与发展速度。在公共咨询领域中，把专家意见、专家经验、专家访谈互动内容梳理成观点、文章、报告，归结起来就是攒报告，我们称为经验式咨询模式，这也是曾经的主导模式；另外还有一些咨询模式，大致分为这四个类别的做法：

第一个类别称为理念型，也叫经典型，是有一套主要的管理逻辑架构和格式，用这个架构的各个要素去衡量服务应怎么做，这也符合很多管理咨询公司通用的做法，优秀的公司会通过不断总结过去好的经验和做法来不断优化它们的模式和格式。

第二个类别是有一套特许格式，和第一类理念型相比，特许格式类往往得到了官方的体制性要求，比如说政府投资项目的可行性报告应该怎么做，对外援助项目的投资可行性论证应该怎么做，财政预算绩效评估报告应该怎么做，PPP评估模式应该怎么做，这一类有着非常明确的格式要求和做法要求，所以这个领域中也有专业的机构来做相应的工作。

第三个类别叫作数据智能型，基于多元数据的汇集，提供对问题描述和问题解决的数据模型和数据算法的开发，虽然从规模上来说目前还是很有限的，但是从成长速率来说是非常快的。

第四个类别叫作垂直专业型，往往会在非常专业的公共管理领域和公共管理的事项方面，解决方案、数据汇集、数据应用、国际比较、国内比较等这样的做法，比如智能警务领域中的信息安全咨询服务，比如说针对各类网络违法犯罪的智能化治理，也包括了工业互联网领域中间物联网数据的产业监测和产业管理优化，智能水务领域中对于治理状态的监测、评估、优化措施的设计和协助推行等，在某个领域形成了一个垂直的深度的咨询服务。总体而论，公共咨询将会走向更优化的工作逻辑与更多智能模块、工具系统相结合的方向。

第六个问题：中西公共咨询相比，有哪些共同点和差异点？

不少国际咨询机构在中国从事公共咨询，中国其实在参与国外的公共咨询方面也已经有一些事例，尤其在中国的援外项目，比如说中国在世界上参与广泛的水利建设、各种基础建设项目前期的可行性论证、项目评估往往都涉及公共咨询，但是中国的公共咨询项目跟国际上既有共同点又有差异点。共同点最主要凸显在经济与社会发展咨询上，也就是援助和支持型项目。中国我们正在建设小康社会，精准扶贫，要应用在发达地区获得的财政资源来支持另外一些欠发达地区的发展，如果来做财政转移支付成效的评估，其实和发展型项目非常像，这些钱花得怎么样、下一步花在什么样的地方，需要有适当的评估。

同时中国的公共咨询也很显然的有一些特点，尤其在以下四个方面表现得非常突出：

第一个特点是中国非常突出规划的价值。中国已经做了十三个五年计划，但在美国以及绝大多数国家，无论是发达国家还是发展中国家，都很少有五年规划这样的中长期规划，它就是中国公共咨询的集中点。现在不少地方就在作“十四五”的前期研究以及具体的一些规划点，这都会构成公共咨询很重要的部分。

第二个特点是主体的差异。中国政府公共事务涉及每个人的方方面面，所以公共的咨询如何做到精准、如何做到符合人们的需要、如何在各类资源之间达到平衡、如何在公共供给侧不断提升质量以提升人们的认可度、如何在不断创造资源同时也能很好地配齐资源等，大政府机构的每一个部门都有一堆事情要来研究、评估、咨询。发达国家的咨询更多是服务影响于主要政治家，而我们的公共咨询类型更丰富，领域更多样，需求更广泛，容纳的垂直专业也多很多。

第三个特点是多元并存及平行论证。多元并存是指客观上我们有着很多不同的类型，有学术型、国有型、民间型、国际型、智库型等，那么到底是体制内的机构做得更在行，还是体制外的民间机构做得好呢，还是国际执行机构做得更专业呢？坦率地说，不同的立场、观点和方法，就会贡献出不同的成果，适当的差异性咨询角度有助于纠偏，甚至在开始就能纠偏，或者在过程中不断纠偏，从这个角度来说，最应该发展的是平行认证，比如一个项目中可以有两到三组持不同立场观念方法的机构来做论证，最后让决策者兼听则明，可能得出一个最优解。国内目前就是多种咨询机构并存，平行论证开始被接受。

第四个特点是国家正在把第三方公共咨询逐步形成法规化，变成明确的政策要求，甚至国务院也在考虑要求各级政府采购第三方机构的服务，形成专门的规范性指引文件，提出机制化的要求。无论是民政还是财政，都已经有了专门的规范性文件加以规定，我们也参与了某些相关国家标准的制定，这是方向。

第七个问题：中国公共咨询的服务采购发展趋势如何？

中国的公共管理咨询服务采购也是在不断发展的。

第一个重要的发展是透明化和公开程度越来越高。因为公共管理咨询一定程度上来说跟党政部门的工作有关，因此往往公开化的程度不太够，过去尤其涉及给领导决策做咨询，很多时候会变成一个保密的工作过程和啥都变成幕后——让谁做，怎么做，其实外部的人并不会知道。现在已经正在变成一个以公开招标为主的采购方式。

第二个重要的发展是过去只有少数高层领导重视的事情，演变为党政部门工作的标配，由传统的带有神秘感的智慧型工作转变成为有方法论、可行的科学工作。现在的一些党校已经开设专门的政策咨询与政府智库训练班，还有一些专门的论坛，参与者是各个部委、省部委、市委、市政府研究室主任、发展研究中心主任，以及官方、半官方智库的负责人，一起探讨如何做好公共咨询工作，越来越具有科学的方法论、工作模式和逻辑以及专业技术的支持。甲方乙方的同时进步，才是公共咨询市场发育成型的关键。

第三个重要的发展是越来越多的功能性事务部门开始采购公共咨询服务，并不再是政策研究机构的文案工作。比如对危旧小区的改造进行论证和评估，既要知道怎么做、为什么这么做，又要知道进展如何、成效如何，从收集数据、开发算法、模型比较、不断纠偏，都是观念上很大的突破。类似这样的专门、特定、具体、落地的工作正在成为公共咨询购买的核心。

零点就是在这个历史发展中一路走来的，我们关注社会问题和公共政策议题研究，包括流动人口、安全感、通货膨胀、防艾滋、民营经济发展、投资环境等领域，从15年前完全自己投入，到10年陆续会有一些政府支持和采购，再到今天变成一个常规的业务，就能看出历史轨迹的发展。

第八个问题：公共咨询发展有哪些挑战？

第一个是人才的挑战。当公共咨询发展逐渐成为一个在科学方法论支撑下的新行业时，只有系统的方法论与业务场景相结合，才能形成公共咨询领域的从业能力。很多从业人员无论是学公共管理专业的、数学专业的，或者是行政管理、法律专业的，他们可能从来没参与过系统的公共管理方法论训练，也没有接触过现实生活中的党务管理、行政事务管理，或者是很多新型的与群众互动的方式。这就意味着始终要把人才的培养和我们业务的开发两者并行进行，只考虑任何一端都是无法解决人才的培养问题的。这也解释了为什么在过去20年中我们坚持做高校“黑苹果青年”运动，倡导年轻人要跟社会结合，鼓励年轻人参与社会实习。

第二个挑战是采购机制的进一步透明化。现在公开竞标制度使用的范围越来越广了，全国全年度服务性采购具体内容中40%以上已经完全公开了，如果再开放40%，达到80%公开，相信对公共咨询的健康发展会有更大的推动作用，这样在公共咨询领域中有民间专业机构、有体制内专业机构、有国际专业机构、有学术类专业机构等，多个类别的机构能够公开竞争、平行论证，就必定可以产生最具中国特色公共咨询优势的解决方案。

第三个挑战是要让公共咨询行业发展成为一个生态化职业社区。咨询机构之间竞争是有的，但合作更能够让大家共同成长。提供公共咨询服务，一方面要有相对客观的立场、相对持续不断的新知的观念、相对靠谱和不断创新的方法论，但另外一个方面，也要了解决策者考虑问题的思路是怎样的。很多民间咨询机构并不太懂领导的路数，因为没机会更多接触领导，这方面当然就变成了弱项；体制内出身的咨询机构擅长理解领导的意图，就可以跟民间咨询机构分享如何理解领导的意图；一些国际机构具有多年为全球企业提供优质服务的基础和经验，他们的咨询框架也非常可取；一些刚刚兴起的出类拔萃的数据算法机构，在某一个单一领域有突破性的进展，也非常锐利；或者有些学术型机构擅长把一件事情的来龙去脉上下左中右都分析得非常系统透彻，这个系统性也是很有价值的。那么根据各个机构各自的优点构成一个互动的生态社区，就会变得非常强大。这个挑战就在于如何建设一个更好的专业社区型行业组织，建立更好的互动生态，各类机构互相学习、经常交流、取长补短、系统地提升各自的能力，才能够真正为公共咨询客户提供平衡的、系统的、靠谱的解决方案。中国的公共服务池够大，能够容纳的优秀公共咨询服务机构够多，在竞合中建设新能力，在服务中实现新突破，这才是我们看得见的灿烂明天。

趋势十三：“十四五”规划：既是过去的承继，更是迈向未来的拐点

“十四五”期间，中国发展面临着愈发复杂动荡的国际环境，国内经济在新旧动能转换的关键期将面临更多挑战。2020 年，新冠疫情在全球爆发，对供给侧和需求侧造成巨大冲击，全球经济下行风险加剧，给企业带来了短期经营压力和中长期机制改革压力。

五年规划作为指导企业中长期发展的重要经营蓝图，需要放进时代的坐标系内看待机遇和挑战。如果说“十二五”是经济增速的换挡期，

“十三五”是经济动能的初步转换期，那“十四五”将是经济发展从稳增长到结构转变、真正崛起的关键突破期，可谓是历史大机遇与大挑战并存的新时代。

对中国企业而言，面临着中美贸易战、逆全球化、地缘政治风险、新旧经济切换以及全球产业格局重构等复杂多变的国际形势，以及由高速增长转换到高质量增长，由资源、人口红利驱动转换到技术、创新驱动等国家发展模式更迭的国内形势，在应对政治、经济、产业及金融周期大交错中，企业的驾驭能力受到了极大挑战，同时企业也在内外部负面因素倒逼下进行产业升级、技术升级、竞争方式升级，在结构性变化中磨砺升级为一流企业、先进企业，实现高质量发展的目标。

应该说，“十四五”是中国发展动力彻底换挡期的最后窗口，传统红利（人口红利、土地红利、城市化红利、技术转移红利、流量红利……）将彻底结束，新的红利期必须来临（5G新场景红利、数据红利、智能制造红利、科技创新红利、区域重构红利、乡镇农村消费市场的下沉红利……），所有政策都必须确保这次换挡！只有这样，6%的年均增速才能保障，中国人均GDP才能在“十四五”末进入世行划分的高收入经济体12 000多美元的门槛，真正迈过“中等收入陷阱”；到那时，中国才能真正稳住局面，全力向终局发起攻势。——企业自身的发展动力换挡也必将成为其“十四五”规划的关键组成部分。

因此，站在本轮“十四五”规划元年的重要节点上，如何在纷繁复杂、模糊无常的内外部环境挑战下识别航道、把稳舵盘、乘风破浪，进而开拓出一条切实可行的未来发展道路，必将成为所有企业必须深度思考的重要议题。

1. 与国家战略和宏观大势共振合拍

全球化秩序正进入新的调整阶段，新冠疫情全球大流行更增强了全球政治经济的不确定性。国际分工的深化已使各国在产业链上相互依存，数字化技术与生产生活深度融合，疫情将加速全球化进程发生逆转，同时推动数字化经济的全面渗透。

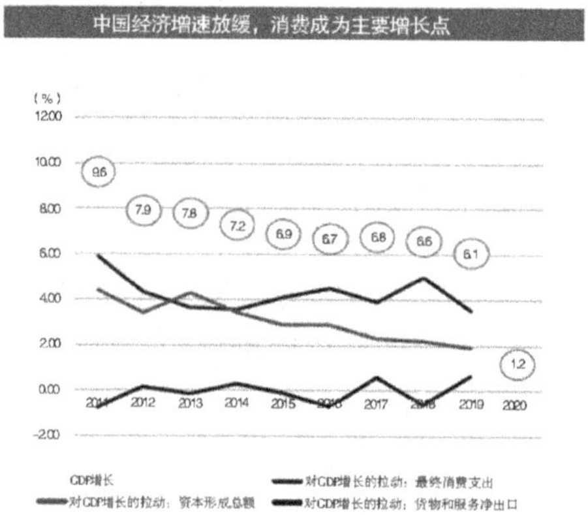

（数据来源：国际货币基金组织2020年一季度《世纪经济展望报告》）

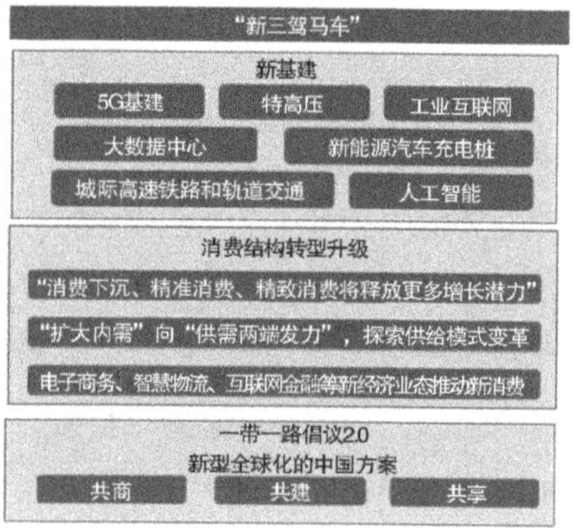

（数据来源：Wind国家互联网信息办公室《数字中国建设发展报告（2018）》）

伴随着国际政治越来越复杂，中国经济正由高速增长向高质量发展转变，“十四五”时期（2021—2025 年）我国正处在转变发展方式、优化经济结构、转换增长动力的关键时期。我国经济从高速增长阶段转向高质量发展阶段。一是社会主要矛盾转变：为人民日益增长的美好生活需要与不平衡不充分发展之间的矛盾。二是资源配置模式转变：从单个区域发展到多区域协调发展，长江三角洲区域一体化、京津冀协同发展、长江经济带发展、粤港澳大湾区建设。三是转换增长动力：“十四五”推进增量崛起和存量变革，加快传统产业的改造和战略新兴产业的培育。四是转变思想认识：最根本的就是正确理解把握“共抓大保护、不搞大开发”和“生态优先、绿色发展”的丰富内涵。淘汰落后产能和化解过剩产能，利用旧动能腾退出的新空间培育新兴产业产能，引导产业向高端发展。

2. 在产业链转型变革中找到自己的站位

近 30 年，全球化有两个特点，一个是西方发达国家把产成品和半成品、零部件、原材料的加工制造转移到发展中国家，利用资本和技术获取高额利润，形成了国家与国家之间的产业分工；另一个是跨国公司按水平分工的理论把产业链中一些产成品和半成品的加工外包给全球加工质量好、效率高、成本低的企业，形成全球化的产业链分工。于是几十个国家、几百座城市、上千家企业可以共同生产一个产品，而跨国公

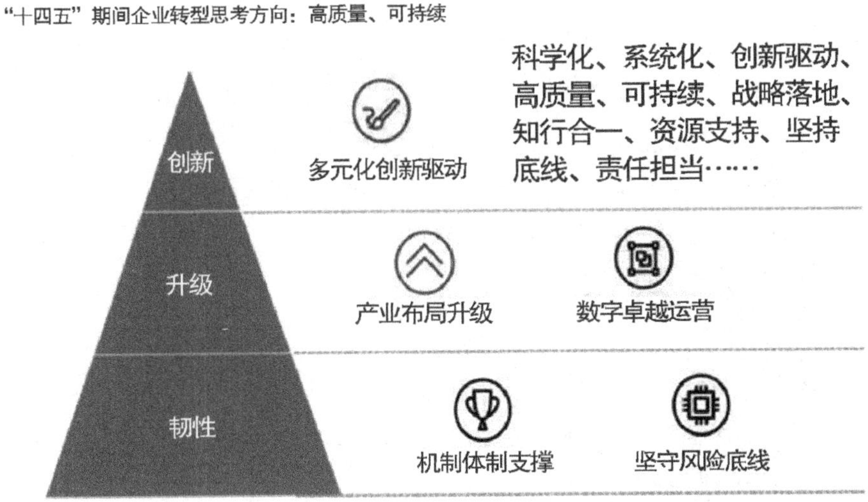

司往往既不搞零部件、半成品制造，也不搞产成品的总装。他们抓住价值链上游的研发设计，下游的销售结款清算和售后服务，并通过控制生产性服务过程获取高额利润。这样的水平分工产业链体系，以市场化方式促进了资源优化配置，实现了跨国公司追逐利润最大化的目的。

水平分工是大规模工业化生产制造时代的典型生产关系，是跨国公司主导的产业链利益最大化的产物。产业链集群是数字时代的垂直整合型生产关系，是在一定地域内的全球化水平分工，是提高全球产业链抗风险能力的产物。也就是说，产业链集群依然要发挥全球化水平分工的特点，而不是由一个企业大而全、小而全地搞整个产业链体系；也不是一个地区自力更生、肉烂在锅里，让本地企业大包干儿、做整个产业链。产业链集群还是要让全球最优秀的企业分别来生产产业链上的零部件、半成品以及最后的产品集成总装等，产品收益仍然是由各参与国企业分享，每个集群内的企业虽然在某一个地域干活，但是利益是全球共享的。所以，水平分工和垂直整合并不矛盾，而是逻辑合理的更深层次的全球化。

3. 在新一轮全球化中实现开放性成长

这次疫情对全球产业链造成的严重破坏，使大家发现了我们原本的全球化模式在太平时期没能暴露出来的短板和薄弱环节，中国及世界各国都应该对“世界是平的”思想影响的全球产业化方式进行重新思考并做出调整；产业链集群的竞争归根结底是营商环境的竞争，从硬环境到软环境，从基础设施到人才队伍，适应全球化产业链集群需要的营商环境的打造。只有更深度、高度、广度的开放，才能救世界、才能让世界摆脱困境，才能让世界共享新的利益。

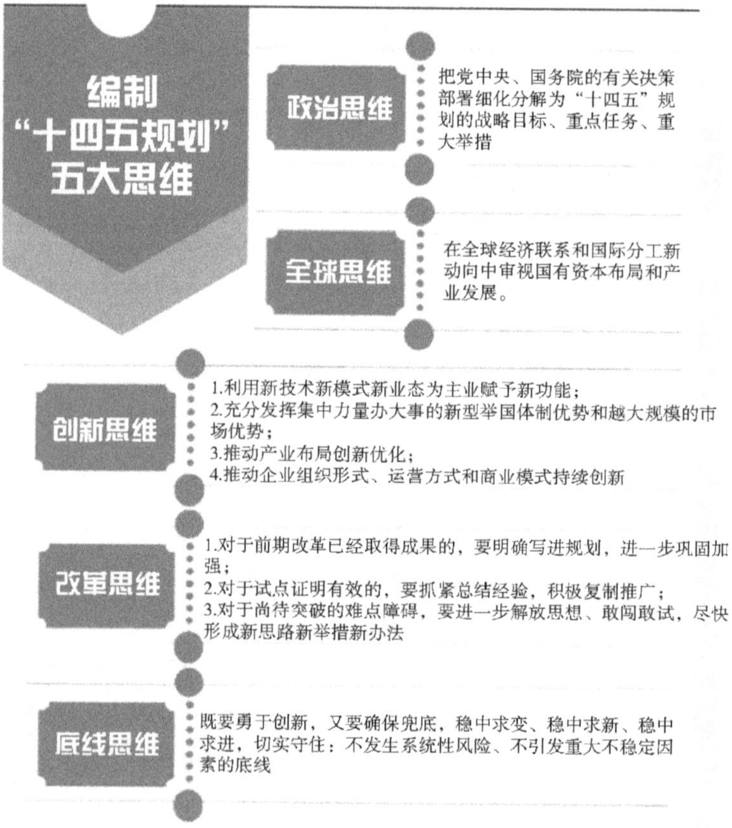

4. 以数字化驱动成为创新的引导者

创新是实现高质量发展的关键所在，将是今后长时期中国经济发展、增强产业创新力和竞争力的重要主题；提升龙头创新企业孵化能力将有助于培育更多创新创业企业，带动创新产出的速度。加快创新资源聚集，加强对创业创新的政策倾斜；提升人才吸引和资本聚集效率，推动创新资源的聚集壮大；改善创新环境氛围，加强技术研发平台建设和信息共享，提升创新生态的效率。

大力发展数字经济将推动信息基础设施的持续升级，5G、大数据、物联网、云计算、人工智能等新一代信息技术快速广泛渗透于经济社会各个领域，促进传统产业转型。先进制造业集群将为国民经济可持续发展注入强大的新动能，全面推动高质量发展；从长期看，“人口红利”逐渐消失，经济发展将向“人才红利”要效益，各地政府需要把握机遇，深入实施创新驱动战略，激发科技人才创新的积极性。

5. 以底线思维打造敏捷战略

受新冠疫情影响，2020 年全球经济将萎缩，不确定性大增。“十四五”期间中国经济增速预计将持续放缓，国企转型发展面临更严峻的宏观形势。

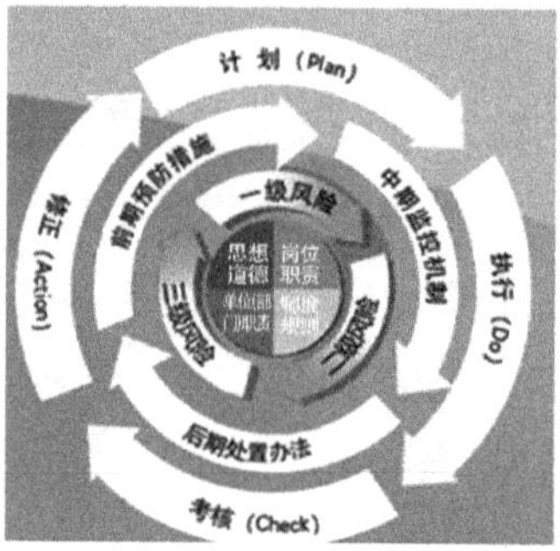

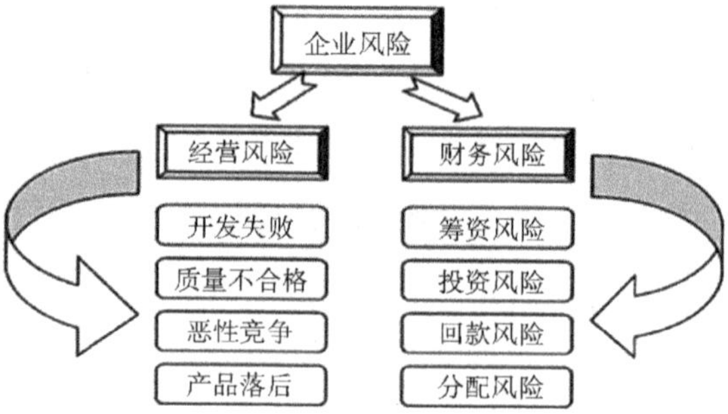

在快速变化的市场环境中，竞争优势常常会迅速变化，企业需要在敏捷战略指引下加强执行力建设。企业应不断审视市场，了解行业内价值的转移以及领先业务模式，开展新的战略行动。企业还需加强战略执行力，包括战略共识程度、战略分解和调整的及时性、组织系统的效率、考核评价以及人员能力，并在制定战略同时启动战略管理，不断优化组织系统，确保落实到位。

疫情给所有的企业带来了巨大而意外的冲击。尼采有句名言：“杀不死我的，使我更强大。”就像人的骨头承受压力和紧张后会变得更加强壮，谣言或暴乱在有人试图压制它们时会变本加厉一样，生命中的许多事物也会受益于压力、混乱、波动和不确定。反脆弱类事物不只受益于混沌，也需要适时出现的压力与危机，如此才能维持生存与实现繁荣。

企业将面临“世界百年未有之大变局”，企业需要在战略规划中坚守风险底线，做好正向机遇把握，提前对各种风险因素有应对预案，提高风险管理的能力，系统地安排企业的战略性风险管理等保障措施的建立。

风险不仅仅是疫情和自然灾害，还包括其他的政治风险、供应链风险、合规风险等，这些风险将随着全球化程度深入而越发频繁，企业需要将割裂的各个部门的风险管理（财务、人力资源、投资）进行统筹，建立起在公司层面统一整合的风险管理系统。

其次，企业管理者需要具备超前的风险管理意识，避免出现亡羊补牢式的风险管理机制，通过情景规划的模式，对不同的风险场景进行分析和研判，建立风险的冗余系统。有了这些风险场景，企业需要不断的演练，才能够提升快速响应能力，从容地应对风险。

6. 强化战略落地，务求“知行合一”

“十四五”规划关键质量要素

战略落地需要三大关键：眼界、目标、切入点。

第一个关键：眼界。如果眼界不开、不远，企业就形同于只拉车不看路，即使看路了，也看得不远、不透，我接触过的一些特别知名企业就有在这方面栽了跟头的，在战略规划过程中，只看自己想看的、只听自己想听的。战略规划一定依赖于三个要素：①大趋势的理性判断；②对于行业竞争的深刻理解；③对自己核心竞争力的把握。

第二个关键：目标。眼界再宽阔，也需要收心聚焦，形成结果。这是商业世界的基本生存法则，而目标的确定就成了战略中从远到近的关键，这是枢纽。真正的目标，既是眼界的路标，又是前行的灯塔。一个比较优秀的目标是“跳一跳就够到，但是需要使劲跳”的目标，这样的目标来自以下 3 个方面的支持和确认：①你能够整合资源（人财物）

的潜力有多强；②目标如果不能实现，公司能否生存或被淘汰；③围绕着实现这个目标你做了怎样的准备。

第三个关键：切入点。看起来再可行的战略规划和目标，也需要步步为赢，尤其是切入点，就是从哪里入手。“眼高手低”，走精益创业的路子，精心设计“引爆点”，不断反馈、敏捷行动。

综上，中国经济的高质量发展要依靠企业的高质量和可持续发展。未来中国企业既要与中国国民经济的发展相衔接，也要把握世界政治经济动向，降低经营风险；既要应对当前挑战，也要厘清解决长远问题的思路，做好近中远期目标的衔接；既要准确把握自身的瓶颈问题，也要了解国内外标杆企业，找到自身的差距。这些都要求企业制定行稳致远的中长期规划。

结　语

我国正处在转变发展方式、转化新动能的关键时期。习近平总书记强调，要强化科技创新策源功能，努力实现科学新发现、技术新发明、产业新方向、发展新理念从无到有的跨越，成为科学规律的第一发现者、技术发明的第一创造者、创新产业的第一开拓者、创新理念的第一实践者，形成一批基础研究和应用基础研究的原创性成果，突破一批卡脖子的关键核心技术。要强化高端产业引领功能，坚持现代服务业为主体、先进制造业为支撑的战略定位，努力掌握产业链核心环节、占据价值链高端地位。

中国咨询市场目前正处于成长期，无论是国内企业还是外资企业，市场空间足够巨大。而互联网产业的快速崛起和中国企业对咨询需求的增长，为追赶提供了可能。

随着市场的发展，中国咨询行业的机会正在出现。外资咨询机构的知识和经验积累是建立在工业文明时代的基础之上，随着移动互联和大数据等技术创新为代表的新经济时代到来，我们过去形成的认识和方法论、掌握的知识和思想都受到了很大的冲击、挑战甚至颠覆。在新商业、新模式、新知识方面，我们和外资咨询公司的起步是在同一起跑线上的，尊重事实，禀赋科学探索的精神，运用现代技术手段，在倡导现代文化的基础上，解决好我们发展路上遇到的各种问题。这是我们这代咨询人要肩负的社会责任。

与此同时，中国商业社会有着最丰富最充满活力的管理实践，这是产生管理思想的真正富矿。通过管理咨询沉潜到这个富矿的纵深处去，是产生真正大师级管理学家和本土原生态商学思想的最可能途径。对中国商业和社会环境的系统和深刻理解，对企业和企业家真实需求的识别和把握以及解决现实问题的能力，综合服务能力等被认为是中国咨询公司天平上的重要砝码。

作为知识密集型产业的咨询业，在中国经济生活中的作用会越来越突出。目前我国正处在经济转轨，工业化进入第二阶段，加上全球化、信息化扑面而来。从生产经营到资本经营，由产品经营到品牌经营；可使用的成长工具、扩张工具、竞争工具更多，组合工具更多，难度更大，专业要求更高。全球化、信息化更是加剧了这种趋势。

管理是企业整合资源，不断成长的关键要素，科学管理是企业管理的核心要义。作为市场经济主体的企业，外部经营环境复杂、内部面临规模扩张、跨越转型，这些都会对企业管理体系的规范性、系统性提出新要求。建立科学有效的企业管控体系，增强企业的内部凝聚力和核心竞争力，是企业实现持续发展，保持基业长青的必由之路。在此过程中，咨询扮演着智囊角色，为企业建言献策、诊断纠偏，充当公司再造的引路人和辅导者，帮助企业突破发展瓶颈，实现跨越发展。我国研究咨询业面临着经济社会转型升级带来的发展机遇，部分有潜力的咨询公司会脱颖而出，成为行业的先行者和领导者。

社会发展的多样性，社会供给发生微小偏移，市场经济更加呼唤客观、公正、公开、民主参与，因此采用长名单和短名单制，建立平行论证机制（平行论证：任何重大决策应该让具有体制内外不同背景、不同立场、不同权力距离、不同方法论特长、不同地域特色、不同团队风格的论证者提供背靠背的对策建议），建立更加公平社会治理机制会成为社会发展的必然。

把发展咨询业上升到改善营商环境的高度来认识。专业服务本身有其丰富性、细致性与标准化特点，专门化的专业服务可以把特定领域的工作做到更为精致，而公共机构只需要提供政策指引和监管要求，就可以获得这样的能力支持；对于营商环境各要素优化的重视，对于政务服务优化的要求，也能创造出更为活跃的需求。

期待国家能够在这一轮对于营商环境优化的倡导中，能尽快出台政策鼓励支持专业服务发展、重视更多细分环节与垂直领域的专业服务的发展、重视超越现有发达国家的专业服务而建立在新型大数据智能基础上的创新专业服务的发展。这样的服务形态，不仅可以达到整体优化营商环境的目标，也为我们政务治理模式的深化改革提供更有价值的操作性思路与支撑。所以，在下一波次优化营商环境的政策中，无论中央还是各地，我们期待看到更多对于专业服务发展另眼相看的条款与干货。

6

工程咨询

2017 年中国科技咨询协会年会现场

继往开来：工程咨询价值贡献与未来

瞭望我国工程咨询发展，瞭望，从字面上的理解就是登高远望，远望就是粗线条的观望期发展的基本轮廓和发展脉络，工程咨询作为中国咨询业的重要组成部分，发挥了重要的作用。但我们对工程咨询了解很不全面，只能粗线条地进行梳理。

我国工程咨询基本可以包括勘察设计、建设监理、项目投资几个方面。我国工程咨询从无到有，新中国成立伊始，从城乡建设、交通能源基础设施、工业生产设施、勘察设计、建设监理和工程投资都做出了卓越的贡献，在“一穷二白”的基础上，成就了我国工程建设的今日风貌，也书写了中国工程咨询发展的历史宏伟篇章。

现在从勘察设计、投资咨询和全过程工程咨询这 3 个侧面对我国工程咨询描一幅画像，从发展纹理上做一些梳理。

勘察设计工程咨询辉煌与挑战

从发展足迹看，我国的工程咨询中，勘察设计领域首先伴随新中国成立的脚步发展壮大。在 20 世纪 50 年代，我国勘察设计主要是向苏联学习，继后又向欧美发达国家学习先进工程的理念、方法和技术，并在实践中借鉴学习，不断创新，培养了一批庞大的人才队伍，形成较为完善的行业组织体系、技术体系和市场化机制。经过 70 年的努力，中国工程勘察设计企业市场竞争力显著提升，基本的水平达到参与国际市场竞争的水平。

21世纪初，在我国的改革开放大环境下，工程勘察设计进入体制机制改革活跃期，发展速度史无前例。原来事业编制的设计院所，从事业单位改为企业，并建立现代企业制度，积极探索工程咨询机构发展的新模式，努力进行体制和机制创新，激发了勘察设计行业的整体活力，整个行业进入快速发展期，通过激烈的市场竞争，勘察设计企业在管理能力、技术技能、效率效能等方面获得了整体提升。

应中国科技咨询协会的邀请，上海天强管理咨询有限公司工程设计行业研究中心，对我国勘察设计行业的发展做了综合性的评述。

2018年全国工程勘察设计行业企业数量达到23 184家，行业从业人数超过447.3万人，同比增长4.4%。

2018年，全国工程勘察设计行业的营业收入规模持续保持稳健增长态势，突破5万亿元大关，达到51 915.2亿元，同比增长19.6%，增速较上年下滑20.6个百分点。

细分行业发展分化明显，呈现差异化发展。

2017—2018年各细分行业营业收入

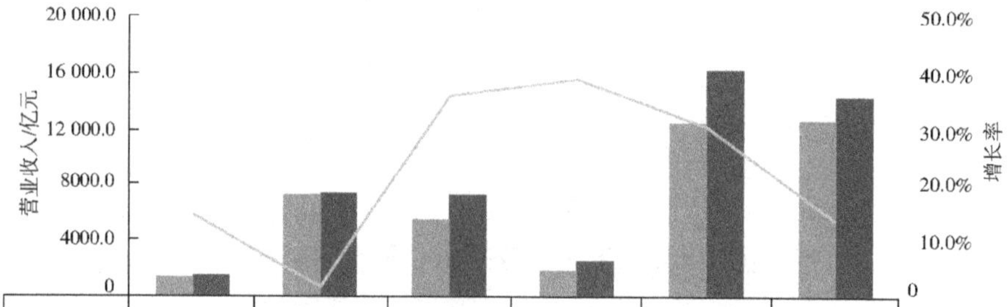

	工程勘察类	工业工程设计类	交通设计类	市政设计类	建筑设计类	专项设计类
2017年	1391.9	7273.2	5423.6	1892.7	12 384.4	12 575.9
2018年	1589.1	7407.7	7364.4	2626.6	16 187.7	14 310.0
增长率	14.2%	1.9%	35.8%	38.8%	30.7%	13.8%

工程总承包早已成为主要的营收来源。2018年，工程总承包营业收入达到25 628.0亿元①，同比增长25.7%。工程设计的营业收入排名

① 为避免重复计算，该部分营业收入已剔除掉工程总承包中设计部分收入。

第二，达到4609.2亿元，同比增长14.9%。其他业务也有不同程度的增长。

传统的勘察、设计及其他咨询业务占比不断减少。

2017—2018年业务构成的营业收入

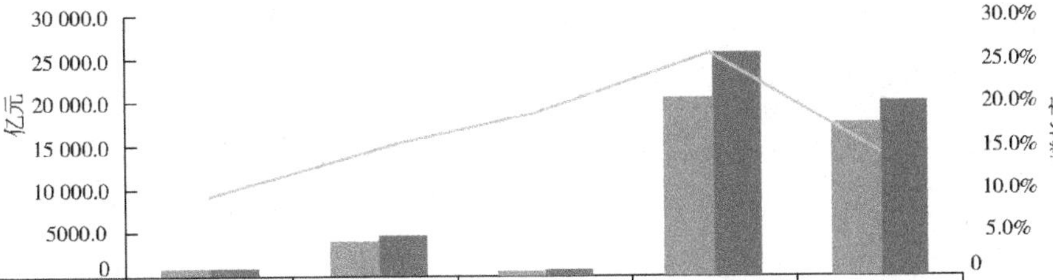

	工程勘察	工程设计	其他工程咨询	工程总承包	其他类
2017年	837.3	4013.0	552.2	20 384.5	17 604.4
2018年	914.8	4609.2	657.3	25 628.0	20 105.9
增长率	9.3%	14.9%	19.0%	25.7%	14.2%

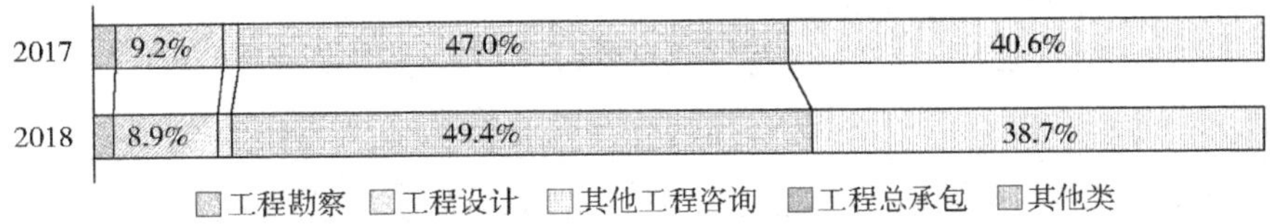

发展工程总承包或者全过程工程咨询成为工程勘察设计企业业务创新探索的重要方向。

2018年7月，住房城乡建设部办公厅公布了《住房城乡建设部办公厅关于同意上海、深圳市开展工程总承包企业编制施工图设计文件试点的复函》（建办市函〔2018〕347号）指出同意在上海、深圳市开展工程总承包企业编制施工图设计文件试点，同步开展建筑师负责制和全过程工程咨询试点。

2018年8月，安徽省住房城乡建设厅发布公告，公开征求《关于推进工程总承包发展的实施意见》（以下简称“实施意见”）的意见。提出推进设计与施工融合发展。鼓励工程勘察、设计、施工等企业跨行业、跨专业兼并重组，支持设计、施工、制造企业相互参股、融合发展，明确工程总承包企业同时具备承接工程总承包项目范围内的设计和施工资质，避免设计或者施工的分包，从资质层面促进工程总承包的模式中设计与施工的深度融合。可见未来设计与施工的深度融合是工程总承包发展的重要路径，也将最大程度上体现工程总承包的优势。

2019 年 9 月，国务院办公厅转发住房城乡建设部《关于完善质量保障体系提升建筑工程品质指导意见的通知》（国办函〔2019〕92 号）。要求严格落实工程咨询（投资）、勘察设计、监理、造价等领域职业资格人员的质量责任。在民用建筑工程中推进建筑师负责制，赋予建筑师代表建设单位签发指令和认可工程的权利，明确建筑师应承担的责任。

2019 年 12 月 31 号，住建部、发展改革委联合印发《房屋建筑和市政基础设施项目工程总承包管理办法》。明确提出工程总承包单位应当同时具有与工程规模相适应的工程设计资质和施工资质，或者由具有相应资质的设计单位和施工单位组成联合体。

以 EPC 为主的工程总承包业务模式不断往上下游延伸，在服务范围、合同签约机制、定价等方面都有所演变，形成多种模式。“EPC + F”模式，总包商提供融资服务，为业主解决部分融资问题。随着业主对于集成化服务的需求加大，“EPC + 运营管理”模式兴起，业主要求承包在工程建设竣工后，承担 3 ~ 5 年运营维护期，以弥补业主前期运营能力的不足，培养了业主的运营队伍，同时又能激励 EPC 承包商保证工程质量。此外，还有“EPC + BOT”“EPC + M”“EPC + O + I”等各种延伸模式，未来工程总承包业务模式将更加多样化、多元化，以更好的服务与客户需求，提升项目管理效率和品质。

勘察设计行业进入全过程咨询业务发展模式时代，2017 年 2 月 21 日，国务院办公厅发布《关于促进建筑业持续健康发展的意见》（国办发〔2017〕19 号），将“培育全过程工程咨询”作为“完善工程建设组织模式”的重要途径。

为了贯彻落实《意见》精神，住房城乡建设部于 2017 年 5 月 3 日发出了《关于开展全过程工程咨询试点工作的通知》（建市〔2017〕101 号），决定选择部分地区和企业开展全过程工程咨询试点，40 家勘察设计企业被列为试点企业。

近期一系列涉“全过程工程咨询”的政府文件密集发布，表明政府对培育发展全过程工程咨询的高度重视，全过程工程咨询与建筑师负责制同步推进，发展项目集成化管理。按照国际通行的做法，全过程工程咨询和建筑师负责制之间是相辅相成，建筑师负责制可以认为是全过程工程咨询在建筑工程领域的实现形式，同时全过程工程咨询也需要建筑师角色转换，从“画图匠”向工程顾问转变，为业主提供包括建筑策划、招投标、造价控制、项目管理等在内的全过程服务。未来设计院的建筑师们，除掌握本专业技能外，还需要对报批管理、施工管理、合约造价管理、项目管理等都有所涉猎，形成一支多功能的咨询团队，从单一的设计专项管理发展为项目集成化管理。

在数据化社会中，基于 BIM 技术全过程应用，将一切的工程信息转化为数据，对规划、设计、施工、运营一体化的服务进行重新定义。重新定义规划设计，向虚拟设计、智能迭代设计转变；重新定义建筑管理，向优化管理模块、数据分析、数据智能执行转变；重新定义管理咨询团队，向生物学家、信息学家、未来学家、电子工程学家等多学科融合团队转变。

勘察设计企业向工程总承包和全过程转化过程中，经营模式创新也带来了企业发展定位多样性，随着设计与资本、技术、产业、文化、数据等一种或多种资源要素融合，设计企业不再只是定位为以设计咨询业务为主业的专业服务机构，更多的考虑是战略定位升级，促进多元化发展。设计企业以服务城市建设模式转型需要为切入点，定位为城市运营商，数据成为新时期设计企业进入智能化领域重要抓手。兼顾投资决策、空间布局，并且将金融、文化、社区等元素充分考虑，绝不是传统延伸发展模式下的多环节服务叠加，而是一种系统集成，涉及面向产业全过程的策划设计、资源整合管理、数据资源挖掘以及服务创新等多线条服务统筹。

在投资决策中发挥独特和重要作用的工程咨询

我国工程投资咨询是在改革开放之后逐渐发展起来的，在新中国成立之后的30年间，工程建设的咨询服务工作是在政府工程计划下完成，也没有工程咨询的概念，业内人讲，当时是只做其事，没有其名。

改革开放后，我国技术引进和设备进口的业务增长很快，如何能更加合理、理性的进行引进和采购，我们采用了论证的方式。1980年1月，国务院印发了《关于颁发〈技术引进和设备进口工作暂行条例〉的通知》（国发〔1981〕12号），文中规定了“所有技术引进和设备进口项目，都要参照本条例附录的要求，编制项目建议书和项目可行性研究报告”，为项目决策提供科学依据，进而国内也出现了以中国工程咨询公司为代表的一批为利用外资，技术引进和设备进口项目提供服务的工程咨询机构的诞生和发展。

1983年10月，原国家计委印发了《基本建设工作管理暂行办法》，该办法规定“设计单位要承担和参加建设的前期工作，根据主管部门提出的委托书进行可行性研究”。

1986年国务院决定——开展大中型基本建设和限额以上技术改造项目，其可行性研究报告和大型项目的设计，都要国家计委委托有资格的咨询公司进行评估，然后再由国家计委综合平衡，决定是否纳入国家计划。

1992年中国工程咨询协会成立，也标志着中国工程咨询行业初步形成。

1994年4月，国家计委颁布了《工程咨询业管理暂行办法》，明确了工程咨询的内涵、业务范围和内容，并对工程咨询机构的资格等级进行了规定。

1996年中国工程咨询协会代表中国咨询界加入国际工程咨询师联合会，标志着中国工程咨询界与国际咨询界开始交流沟通和相识。

1997年5月，原国家计委印发了《工程咨询单位持证执业管理暂行办法》，加强对工程咨询单位的管理。

2010年2月，发展改革委员会印发《工程咨询业2010—2015年发展规划纲要》，提出了工程咨询发展目标、重点、主要任务。

2017年9月，《国务院关于取消一批行政许可事项的决定》（国发〔2017〕46号），取消“工程咨询单位资格认证”行政许可事项，放开了工程咨询单位的市场准入。

经过近40年的发展，我国投资咨询业务得到了大力发展，目前在全国投资项目的在线监管平台备案的工程咨询单位超过1万家，登记咨询工程师（投资类）大约7万人。服务投资建设项目的产业链进一步完善，工程建设全过程咨询理念进一步形成共识，并在积极推进过程中，以市场为导向的行业管理体制改革正在走向深入。国际工程咨询业务增长很快，我们已经成功进入了亚非、中东、欧洲、美国和南美市场，说明我国的技术和质量不断得到国际社会的认可。

中国工程咨询协会会长肖凤桐认为未来工程咨询工作主要围绕着以下几方面展开。

（1）我们要不断推进工程咨询业理念创新。在继承传统和学习借鉴的基础上，密切跟踪科技进步最新进展，善于发现经济社会的新变化新需求，勇于突破陈旧观念的束缚，把新发展理念贯穿于工程咨询的各环节各领域，不断推进咨询理念创新，从而使工程咨询的引领作用得到体现。

（2）我们要不断推进工程咨询业业务创新。以供给侧结构性改革促进工程咨询业业务创新是行业发展面临的根本任务。要立足国家发展战略，充分发挥工程咨询综合优势和专业特长，整合行业优势资源，发挥专业智库和高端智库的作用，出成果、出精品，拉长咨询价值链，提升行业影响力。要主动适应政府“放、管、服”改革和企业投资决策的新需求，为政府和投资者提供可靠的技术支撑，努力做专、做深、做精，加快形成核心竞争力和品牌优势。

（3）我们要不断推进工程咨询业手段创新。要以建立行业统计体系为抓手，积极推进大数据、人工智能、移动互联网、云计算等新一代信息技术与工程咨询服务的深度融合和应用，创新变革工程咨询服务模式和商业模式，在业务开发、组织方式、资源配置、信息采集、过程控制等方面实现重塑再造。

（4）我们要不断推进工程咨询业体制创新。打造一批具有影响力的高端智库，一批具备开展全过程工程咨询服务能力、具有国际竞争力的大型企业集团，一批特色比较突出、细分市场服务能力强的专业机构，一批创新能力强、发展潜力大的创新型企业，形成各类市场主体取长补短、平等竞争、相互促进、良性发展的多元化市场结构，不断增强行业活力、影响力和辐射力。

中国投资类工程咨询与我国重大工程项目的建设紧紧联系在一起，很多令世界瞩目的重大工程建设，都凝集着咨询顾问的汗水和智慧，如南水北调、京沪高铁、青藏铁路、港珠澳大桥、探月工程、大飞机项目、“天眼”工程以及大量援外的工程建设等。

全面跨入全过程咨询服务

2017年国务院办公厅下发了《关于促进建筑业持续发展的意见》，文件中提出努力培养和发展包括投资、勘察、设计、监理、招投标、造价等全过程的工程咨询服务的改革目标。全过程工程咨询引起工程咨询行业广泛关注，成为工程咨询企业战略转型的热点和焦点问题。

2019年3月发展改革委、住房城乡建设部联合下发《关于推进全过程工程咨询服务发展的指导意见》，提出了较为完善的推进全过程工程咨询服务发展的指导意见和实施办法，这表明我国工程咨询服务已经全面进入全过程工程咨询服务的探索发展新阶段。

之前工程咨询机构的业务相对独立和单一、碎片化和单项咨询的模式难以满足咨询市场高质量、高效益、低成本的需要。

全过程咨询服务的大致可分成以下两个阶段。

第一阶段是投资综合咨询阶段，这个阶段主要是结合投资目的的市场、技术、经济、生态环境、能源、资源、安全等因素，结合国家、地区、行业发展规划及重大专项规划、产业政策、技术标准及相关审批要求进行分析研究和论证，为决策者提供决策依据和建议。

第二阶段为工程建设实施阶段，为全过程的工程建设提供服务，包括招标代理、勘察、设计、监理、造价、项目管理等咨询服务。目的是满足建设单位一体化服务的需要，增强工程建设的协同性，提高工作效率、节约建设资金，保证工程质量。

全过程工程咨询服务对现在工程咨询机构具有很大的挑战，主要表现在以下几个方面。

（1）我国工程建设都是系统性的，从投资决策、工程建设到运营各个阶段都相互影响、相互制约，但工程咨询过程是割裂的，各个阶段不同程度上存在明显的技术壁垒，沟通共享机制缺失，推行全过程咨询存在意识、责任、机制和管理等挑战，很难成就集成的效果和绩效。

（2）从工程咨询自身的各种政策看，这些政策的制定更关注每个阶段的问题，缺少系统解决问题的视野和措施，对问题产生原因分析不够，对全过程咨询还缺乏实践的积累和对其机理及特征的认识，政策环境需要改善。

（3）在全过程咨询中，各个阶段的技术标准和合同文件是非常重要的执行工具，全过程咨询招标文件、合同范本、组织设计、交易制度等与原来的都有所不同，都应重新调整，作为实际操作的依据。

（4）人才是全过程管理中关键的一环，要在转型中将前期咨询、勘察、设计、施工、监理等人才逐步向过程一体化方向过渡，提高工程咨询顾问的工程协调、团队建设、合同管理、造价控制、施工管理等全过程技术和管理能力。

目前我国的工程咨询机构要转变成全过程咨询服务企业并不现实，协同和合作能力成为工程咨询机构的重要发展能力，采用多种联合、并购重组等方式提高综合服务能力，将招标代理、勘察、设计、监理、造价、项目管理等不同业务专长的公司联合实施一个项目，做好每个主体的协同管理成为联合工作的主要能力。

全过程工程咨询服务模式的变化必将带来人力结构、服务能力、组织协调能力及市场资源的一系列变化，这些变化为工程咨询服务机构的转型提供了方向。但机构转型本身就是成本较大，风险较高的事，因此在转型的同时要注重不断提升自身统筹和组织协同能力，注意控制风险。变革是有一定的时间积累过程，在实践中，要遵循项目周期规律和建设程序的客观要求，创新咨询服务的组织实施方式，在投资决策阶段，要主要以投资、经济和市场分析为主要咨询服务重点和工作目标。工程建设实施阶段主要以工程技术和管理为主要咨询服务重点和工作目标。

完善和推进全过程咨询，企业管理体系与标准，大数据和智能化水平和核心竞争力是企业转型升级着重关注点，在工程咨询中完善和推进全过程工程咨询服务组织模式，对工程咨询服务行业来说，具有重要的历史意义和现实意义。这是工程咨询服务行业可持续发展具有里程碑意义的转折点。

数据技术促进工程咨询发展

在“新基建”基础上，云计算、物联网、大数据的兴起及在工程咨询领域的深化应用，上海天强管理咨询有限公司认为如下。

“互联网＋”的各项技术可以通过管理平台实现多方对项目的共享，在项目全过程建设中实现多方参与，实时决策，提供效率，为设计施工进一步融合提供条件。新技术的发展带来了项目管理的精准性，提升效率，节约成本，降低工程总承包和全过程咨询的管理难度。基于BIM 技术全过程应用，将一切的工程信息转化为数据，对规划、设计、施工、运营一体化的服务进行重新定义。重新定义规划设计，向虚拟设计、智能迭代设计转变；重新定义建筑管理，向优化管理模块、数据分析、数据智能执行转变；重新定义管理咨询团队，向生物学家、信息学家、未来学家、电子工程学家等多学科融合团队转变。

在全球经济进入数字化转型时期，数字化转型已经成为所有传统企业必须付诸行动的必选题。目前工程勘察设计行业的数字化转型建设整体尚处于探索阶段，根据调研数据显示，受访企业的数字化转型多数处于规划准备和试点推行阶段。处于规划准备阶段的企业占比 40.4%，试点推行阶段的企业占比 28.9%。暂无计划推行数字化转型和处于观望中的占比较小，仅有 15.3% 的企业处于该阶段。这反映了工程勘察设计行业现在正全力投入到真正的数字化之旅。

受访工程勘察设计单位在推进数字化转型发展中所处的阶段

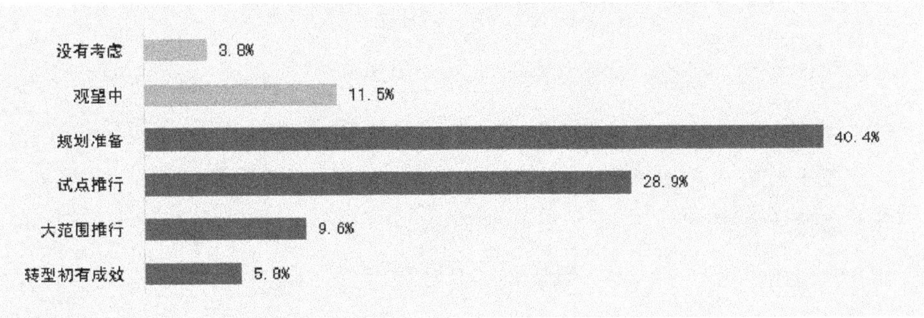

根据 2019 年工程勘察设计行业发展研究调研状况显示，目前工程勘察设计企业在数字化转型过程中，主要面临的问题及挑战前 3 位分别是："缺乏数字化人员"（52.8%）、"难以找到满意的数字化服务商"（50.9%），以及"资金紧张"（39.6%）。

2019 年工程勘察设计行业发展研究调研状况

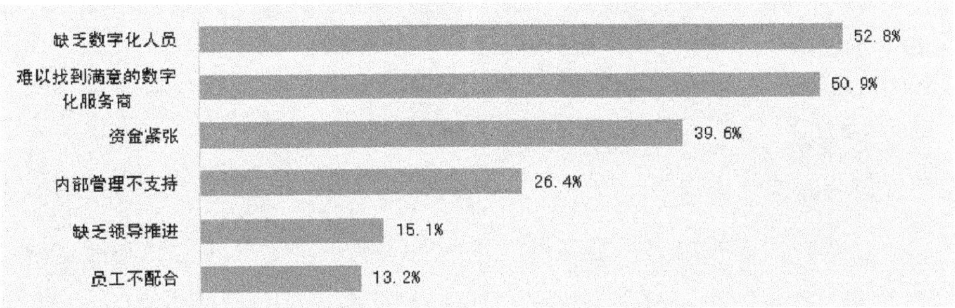

工程咨询机构的明天

工程咨询机构目前在经济结构转型过程中，已经明显感觉到：过往所熟知的具象模式已经不再体现，业务拓展多是以跨行业、区域延伸的逻辑推进，新的商业环境下，生态融合不断加剧，行业边界逐渐模糊，行业标杆的导向示范作用不断减弱，新兴市场空间不断涌现，市场需求呈现多元化、集成化的特点，行业不确定性在增强。政府监管也从原来的资格认证向“宽准入、严监管、强服务”转变，探索建立“诚信规范、审批高效、监管完善”的告知承诺审批新模式。优化工程建设组织模式也成为未来行业监管重点，鼓励设计企业从单一环节向全过程迈进，住建部陆续发布工程总承包、全过程工程咨询与建筑师负责制等相关指导意见与试点，为持续推动工程建设组织模式优化提供政策支持。

在工程咨询机构向数据化转型过程中，不仅仅要求技术上的创新，而且是技术创新带来的商业模式和组织方式的变革，打造产业和商业生态价值链的重构，探索运营方式的多元化路径。针对一个或多个环节进行数字化改造，提升单一环节和领域的工作效率，同时加强各环节和领域间数据的互联互通，探索更加高效、经济、可控的业务模式；基于大数据、云计算等数字技术对复杂现实的数据分析能力，致力于打造新一代城市、产业规划和运营平台，如中冶赛迪的智慧城市、中规院的未来城市实验室等；聚焦工程勘察设计行业的产业升级和升级发展，打造产业互联网生态系统，为工程勘察设计企业提供平台化服务，如华建集团的“云华建”、中信工程的智能建造生态系统等。

上海天强管理咨询有限公司认为，未来的工程咨询机构基于场景创新能带来企业价值服务逻辑的重塑。

场景创新是什么？需求即场景，场景创新是指洞察并挖掘客户隐性需求，构建以客户与用户的显性需求为核心的技术与服务应用场景，重新定义产品与服务，提供个性化服务，重新建立设计企业与用户之间、与产业之间、与其他商业生态之间的联系，从而实现商业模式创新，重构生产力，激发设计价值的最大化。

从关注客户价值到关注用户价值。用户是企业产品开发的真正立足点，从客户需求到用户需求，设计企业聚焦最终使用者将更有力进行需求洞察，避免陷入需求错位的陷阱，并且在此基础上定义场景，进行产品化营造，将更有利于产品价值进一步提升。

基于场景需要推进盈利模式多元化。设计企业的角色从产品提供者变为价值创造者，盈利模式创新带来更多可能性。过去企业更多的是简单的买与卖的交易，随着平台经济、数字经济、共享经济兴起，基于不同的商业场景盈利模式也在不断进化，从所有权到所有权 + 使用权，商品更像无实体的服务，通过使用权实现用户的长期服务；互联网经济兴起下免费 + 收费的模式兴起，能够快速锁定用户，为高附加值和增值性服务创造条件。

多层次的资源整合不断上演。信息技术的发展改变了企业间沟通协作，商业生态的调整也在重构产业价值链，产业之间的跨界竞争与整合在强化，市场从割裂式的链式结构向网络状改变，设计企业也将成为生态节点的资源整合方或资源被整合方。随着生态之间融合加剧，面对跨界竞争者，有效地构建商业服务场景能够更加有效整合外部生态，提供增值服务。

管理模式从管控走向赋能。基于场景创新要求设计企业以用户为中心进行产品创新设计，相应的也需要建立起对市场保持高度敏感且能快速应变的组织架构。未来的组织将更加注重发挥勘察设计人员独立思考能力和团队快速决策能力，组织管理模式也将从被动管控向积极赋能转变，内部打造开放共享生态，深化资源协同运作，促进新业务转型孵化、经营市场统筹、技术创新等战略性功能真正落地。

7

国庆征文选

2017 年中国科技咨询协会年会期间举办竞走比赛

个人足迹：我的咨询人生

在中华人民共和国70周年华诞即将到来之际，中国科技咨询协会在广大会员中组织开展“国庆70周年咨询人”征文活动。征文主要是“用文字追忆您与咨询职业的交集，将您在从业中的探索、困惑、迷失、煎熬、思考和不言轻易放弃的努力、情怀、意志和远大的职业理想一起抒发出来，用我们坚定、睿智和宽阔的胸怀去迎接更加缤纷复杂又绚丽多彩的咨询世界”。征文活动得到了广大会员的积极响应，我们在此挑选了几篇，来了解咨询人的咨询人生！

我的咨询人生

北京多星管理咨询公司董事长　黄启珠

一、初涉咨询

我最早接触到管理咨询是在1981年。那时我就职于北京市机械工业局企管处。那正是中国百废待兴之时。企业里各项管理工作困难重重，千头万绪。这年下半年，中国企业管理协会组织日本的一家管理咨询机构到中国来访问和讲学，分别在哈尔滨和北京办了两期“企业诊断”（即管理咨询）培训班。培训结束后日本专家针对北京市机械局下属北京钢锉厂进行实地诊断，并于几周内拿出了他们的诊断报告。我听了他们的报告后很受震动，回来即向领导汇报和建议引进日本人好的管理和诊断办法。在我的再三坚持和建议下，1982年9月，由北京市企协和市机械局共同组织的管理咨询培训班终于开学了，参加培训的均为机械系统内既有一定理论基础又有多年管理经验的人员。四周的课堂培训后，还进行两个企业的咨询实践。都收到了良好的效果。

首战告捷，极大地鼓舞了我们的士气，我一鼓作气，把培训班连续地办了下去。但越到后来，我感觉到光做培训和实习是远远不够的，而应该组织一支专业的咨询队伍，可以常年为企业服务。1984 年，我和同事们对北京市电线行业所做的咨询调查和解决方案震动了局领导，终于同意给出六个编制，组成企协管理咨询组。于是，我三顾茅庐找来了几名骨干，组成了第一个班子。

二、“情定”咨询

1984 年，我遇到了一个出国深造的机会。可此时四十多岁的我，学历和外语均不算过硬，唯一的本钱就是有几年的实践经验。然而也许是精诚所至，居然顺利地通过了各种近乎苛刻的考试，成为赴法预备班的一员。1985 年 8 月初，同首批另外 10 名学员一起，飞到了法国，进入了艾赛克高等商业管理学院。正是这一次巴黎之行，让我定下了下半辈子的航程和方向——去做咨询。在法国的管理学教授，每年有三分之一的时间下到企业做咨询，掌握了大量第一手资料，学生因此在课堂上的案例教学中就能学到许多实际解决问题的能力——这本身就是一种管理问题，是解决中国教师如何能培养出学以致用的管理人才的一种好方

巴黎圣母院前的黄启珠

案。重要的是，通过四个月的学习，我深深地领悟到了管理咨询的精髓，和管理咨询对企业管理、发展乃至整个国民经济管理与发展的重要性，同时也感到了管理咨询作为一个行业的美好前景。

三、星星点灯

但从法国回来后，我发现我那一年前千辛万苦组织的队伍已经散了。于是我又重新组织起一支队伍继续工作，同时还兼顾企管处的工作。经历了很多坎坷后在1989—1990年，机械局局长找到我，鼓励我成立专业的管理咨询公司，而北京人民机械厂则慷慨地允诺解决这个公司的挂靠和编制问题，并腾出三间房。我一面跑公司注册，一面四处找人，我第三次组织咨询队伍。一切虽很艰难而漫长，却也顺利。更可喜的是，在人民大学王以华教授的牵头下，我们和一家法国咨询公司达成了合作。我甚至给只有一面之交的吴仪同志（时任北京市主管工业副市长）去了一封信，请她来同法国专家见一面，没想到她居然同意了。

可是后来，变故骤生。局里突然通知我，吴仪同志和局领导均不能参加，连公司到人民机械厂的挂靠和编制事宜也必须搁置，全部人马转回局部企协。我想尽办法最后也无济于事。无奈，我又开始四下奔波，把那些我说服来的准备共同创业却还没安顿下来的专家一个个送走，为他们寻找有编制、有劳保的单位。祸不单行。我在美国读书的儿子毕业前夕查出了结肠癌，接回国不久便撒手人寰。事业与生活的双重打击让我倍感伤痛，可我心中的理想之火一丝也没有熄灭。儿子火葬那天，同事们没让我去参加，让我留在办公室里工作，因为他们清楚，只有工作会让我暂时忘却悲痛。也许上天眷顾，就在这一天，我迎来了公司成立以来的第一个客户，第二天我就领着人进厂了。此时已是1991年年底。多星公司，星星点灯。1992年，我毅然成立了民办性质的北京多星企业管理咨询公司，并第四次组建人马，掀开了我人生的又一新章。

四、咨询哲学

做了很多项目后，我总结出了我们多星的特点，西方人有辨证思考问题的习惯，先给出一个结论，再根据这个结论给出很多假设，在实际

黄启珠在巴黎学习期间与老师同学们在一起

的调查中去论证这个假设，这就是麦肯锡的思路。相反，我们用“黑匣子”理论，先根据输出效果进行定量分析，从输出效果看它的问题和成绩在哪里，然后再有结论。比如，从整体看它的经济效益，包括它的获利能力、运营能力、发展能力、贡献能力等，还包括客户反映，从这几方面看它的输出效果。再进一步调查，从管理环节去找经验和原因。比如人力资源管理，员工的满意度高，这是输出效果好；招聘、任用、激励等环节看管理，找到一些好的经验以能够延用。输出效果差，可能是这几个环节处理不好，是管理上的原因造成的。然后在机制、体制和观念上找根源。要把人看成是资源，是生存和发展的源泉，而不仅是成本。所以，在做咨询的时候，改善方案要从导致问题的根源上找到原因并改善，最后要落实到输出效果的提高上。

我的咨询人生并不是一帆风顺，但正是这些波折才能让我认识咨询，喜欢咨询，并用一生来呵护它。虽然现在已年过八旬，但对咨询的热爱和激情，丝毫未减。我从心里还希望在身体允许的情况下继续帮助更多的企业排忧解惑。

咨询是一场修行

北京市长城企业战略研究所所长　王德禄

我是中国20世纪80年代思想解放的参与者，是90年代市场经济的改革实践者，也是21世纪新经济时代的倡导者。如果说20世纪80年代思想解放让我获得了独立思考能力，那么90年代的市场经济给了我知行合一的实践，21世纪的新经济则给了我更大的舞台，让我拥有了以洞见触摸未来的机会。

从1992年我决定下海创业以来，先后经历了新技术革命、知识经济时代和新经济时代三次伟大的历史变革。在我看来，这三次伟大的历史变革的核心动力都是创业，其中，新技术革命是知识分子下海创业；知识经济时代是留学生创业；新经济时代则是大众创业，在中国涌现出伟大的、改变世界的创业者。

一、在新技术革命大讨论中诞生

在新技术革命时代，我抓住机会创办了长城企业战略研究所（以下简称“长城所”），参与了中国民营企业创业进程，见证了中关村的崛起。在知识经济时代，长城所参与了中国新一轮创业大潮和中国制造的崛起。在新经济时代，长城所参与了改变世界的创业浪潮，致力于发现和培育中国高成长的瞪羚企业和爆发式成长的独角兽企业。下海26年来的新经济实践让我深刻体会到，以创新驱动增长，以创业驱动创新，这是中国的希望所在。

历史的机缘是1992年邓小平视察南方，开启了中国知识分子下海创业的大潮，我决定下海，创办了长城所。我认为，知识分子只有在经济上独立，才能有思考的能力，这是我下海的直接原因。同时，迎接新技术革命的到来和寻求知行合一也是两个重要原因。经过一年多筹备，1993年8月26日，长城所在中关村正式成立。长城所成立后，提出了产业价值链理论“分解分解再分解”，产业空间理论“集聚集聚再集聚”，并以此为基础，先后为四通集团、联想集团、时代集团、北大方正、清华紫光、劲酒集团、新希望、均豪物业等一大批企业提供咨询服务，还承担了《中关村“二次创业”研究》《中关村区域创新网络研究》《区域创新系统理论与案例研究》等多个重大课题项目。在中关村创业咨询和中国民营企业创业咨询的过程中，长城所提出“创业者有其股”“以创新网络视角研究中关村”“区域经济发展与区域创新系统”等理论观点和政策主张，在当时引起了很大反响。在我看来，如果理论上产业分解和空间集聚抓住了新技术革命条件下产业发展的基本规律，那么实践上一批又一批科技人员走出科研院所和高等院校，创建了一个又一个民营科技企业，则是新技术革命的一种推动力。

二、在知识经济时代成长

20 世纪 90 年代末，知识经济逐渐在中关村萌芽，长城所在《未来与发展》杂志上推出“知识中国”专栏，重点探讨与我国发展知识经济有关的关键问题。我提出了知识经济时代应该是鼓励创业、支持创业和培育创业的时代。而创业需要融资支持，需要建立健全创业投资体系，发展创业投资事业。从全国范围来看，虽然当时中关村的创业环境已经不错，但距离知识经济的要求还远远不够。因此，我在很多场合多次呼吁中关村应该改善创业环境，重点发展原创新兴产业。这一时期，长城所先后承担了《中关村高技术服务业研究》《中关村“十一五”产业规划》《中国制造研究》《跨国公司 R&D 投资研究》《京沪深三地创新比较》等多个重大课题，以实际行动参与到中关村风险投资、创业孵化、创业加速等创业服务和产业原创活动中。随着中国制造崛起和高新区成为区域增长极，长城所的产业咨询、区域咨询业务也辐射到全国，成长为全国高新区咨询领域的一面旗帜。进入 21 世纪后，全国高新区出现高速成长的瞪羚企业，长城所先后在中关村、武汉、广州、大庆等地开展了区域瞪羚咨询。

三、在新经济时代走向原创

进入 21 世纪第二个 10 年，新经济时代到来了。创业在经历了新技术革命和知识经济的深入推动后，终于在新经济时代迎来了大众创新、万众创业的新阶段。长城所提出，改变世界的创业者、天使投资、思想市场、全球链接、创新创业生态等热词将会成为这一轮创业的核心。新经济爆发式成长独角兽企业开始在中国高新区涌现，长城所提出了企业非线性成长路线图，即“创业企业—瞪羚企业—独角兽企业—龙企业”的成长路径。在新一轮大众创业、万众创新的大潮下，先后承担了国家科技部、火炬中心、北京市、中关村、武汉东湖、上海张江等国家部委、省、市、自主创新示范区、高新技术园区的大量课题，成为新经济时代创新创业的有力倡导者和推动者。

同时，长城所通过广泛研究企业以及深度介入客户项目，认为市场主体的平台化发展为企业、产业、区域带来了巨大的价值与影响。平台使得资源共享的范围越来越大、程度越来越深，进而产业内部的边界越来越模糊，产业通过平台实现跨界融合的现象也愈加显著。在新一代互联网等科技革命影响下，长城所作为新经济专业咨询公司、新经济专业智库，自身也在不断研究和探索，寻求平台化转型，不仅打造了瞪羚云平台，成立商业模式概念验证实验室，组建瞪羚俱乐部，还打造了长城商学院等服务品牌。在平台管理上，我重点思考了微咨询与平台化之间的关系。我认为，长城所的平台化转型是咨询公司的平台化转型，转型的成功必然既要根植咨询又要跳出咨询，同时要从咨询项目思维到平台运营思维。当前社会发展越来越迅速，对于敏捷咨询的需求越来越大；咨询需求越来越碎片化，需要短、平、快、轻的咨询，只有将碎片化的需求化零为整才能形成大单长单；领域界限越来越模糊，战略战术之间、各次产业之间的界限也越来越模糊，需要跨领域、跨部门、跨行业，需要整体咨询；后台越来越依赖数据，数据驱动成为咨询机构乃至产业企业的核心竞争力，基于大数据、云平台等为主的社交化咨询越来越重要；交互越来越强调生态，交互方式越来越强调共同成长，越来越强调生态圈与现场咨询。无论是敏捷咨询、轻咨询、整体咨询、现场咨询、社交化咨询等，都是微咨询的具体表现或形态，而咨询机构只有适应微咨询才能实现平台化转型，才能赢得新一轮发展机会。

四、咨询是一场修行

自1992年下海以来，我参与了中国创业的大潮，融入了中国新经济的发展，也一直在反思自己走过的道路，也在反思中国咨询行业走过的道路。

中国的咨询业是不同于西方的。咨询在中国发展的几十年以来，其方法越来越呈现出东方化、中国化的特征。全球化中中国的经济迅速发展，随之世界的变化也越来越快，其中东方的“灵敏性”起到了重要作用，这对企业家的快速综合决策非常重要。在咨询方法上，西方思维的传统是逻辑、分析，中国思维的传统是直觉、求道。全球化越深入，东方的直觉就越重要。长城所的一些咨询方法都是在基于西方方法论基础上再增加东方的内涵而发明的。重视直觉，我认为这是适应新经济的咨询方法最核心的所在。

这份直觉在长城所的理论体系中被称为“洞见”，无论是创业者、企业家，还是产业组织者，都需要对未来有洞见能力和穿透能力，而长城所“三观”结合的咨询实践就是我们的“洞见”来源。长城所的洞见能力体现在“三观”上，即企业微观、产业中观、区域宏观。企业着力进行商业模式创新是微观；产业进行跨界融合，出现新业态，是中观；区域抓住瞬息万变的机会，变革催生出新经济，是宏观。

经过26年的发展，长城所的理论体系也愈发完善。2013年开始，长城所对过去20年的咨询方法进行了系统的总结，提出了创新驱动三方法（80/20/4创意法则、长板理论和头脑风暴法）和新经济三方法（新经济机会论、企业非线性成长论、创新创业生态论）。而后又提出了5套业务咨询方法和一套咨询工作方法为主要内容的新经济咨询方法体系。这些是长城所洞见能力的所在，也是我们勇立时代潮头、引领时代的法宝。

一路走来，咨询对我来说就是一场修行。禅宗的《涅槃经》里说，一切众生皆有佛性。成佛在瞬间，人人可成佛，关键只在自悟本性，达到一个智慧、自由、自觉和自然的境界，所谓顿悟渐修即是这个过程。

在我看来，咨询也是一场修行，由理入而“见道”，由修道而“开悟”，遇悟则成智，达到臻于化境、言语莫诠的兼通境界。

参考文献

[1] 王德禄．二次创业：新兴企业发展战略研究[M]．济南：山东教育出版社，1999.

[2] 王德禄．区域创新：中关村走向未来[M]．济南：山东教育出版社，1999.

[3] 王德禄．知识经济与中关村[M]．济南：山东教育出版社，1999.

[4] 王德禄，赵慕兰，张浩．硅谷中关村人脉网络[M]．北京：清华大学出版社，2012.

[5] 王德禄．武文生．二次创业的体制基础：资本股份化[J]．中外科技政策与管理，1996（2）：45－57.

[6] 罗利元，王胜光．二次创业的动力源泉：技术创新化[J]．中外科技政策与管理，1996（2）：58－68.

[7] 刘东，王德禄．二次创业的发展方向：产业规模化[J]．中国科技政策与管理，1996（2）：75－83.

[8] 钱春元，金凤春．二次创业的必然趋势：经济国际化[J]．中外科技政策与管理，1996（2）：96－102.

[9] 长城企业战略研究所．北京市高新技术产业发展战略[J]．经济研究参考，1996（10）：29－36.

[10] 王德禄，欧阳晓光．以咨询业的专业能力服务于乡镇企业的二次创业[J]．中国软科学，1996（10）：105－108.

[11] 王德禄．创业是中国的希望[M]．北京：金城出版社，2018.

决策更有数，措施更有数，零点与数俱进 27 年

北京零点有数数据科技股份有限公司董事长　袁岳

数需要算，算蕴于数。算数相合就成了科学，有算无数就成了玄学，有数无算则流于质朴。现代国家无论市场交易还是国家计划的需要，都需要数算，整体而论，数据本身的发展经历了以基础的资源数据

编制资源分配计划，到用更多资源数据与主观数据结合进行建模分析，逐渐在互联网时代达到基于海量行为痕迹与客观监测数据进行算法处理，最终数据融合发展支持机器智能的发展，从而极大地改变了从决策到执行的大量个人与组织行为的模式、效果与效率。

我自己创立零点调查的时候就是在 1992 年邓小平南方谈话以后，社会主义市场经济深化的关键节点上，看似丰富无序的市场行为和看似井井有条的行政行为之间都需要数据服务的介入。对于前者需要透过市场数据来找出实现供需平衡的线索与路径；对于后者，需要透过理解公众意愿与行为模式，提高行政主体对社会意愿的理解水平，助力专业行政向公共行政的转型。在互联网还没有产业化发育的时候，调研数据是最可能获得的数据资源，在专业团队有建模分析能力的前提下，结构化的调研数据增加了决策的参照角度，也提供了超越决策个体经验的决策优化空间。就我自己亲身的参与来说，无论是万科这类的房地产企业，EMS 这类的快递企业，北汽福田这样的商用车企业，乐百氏这样的饮料企业，招商银行和平安保险这样的金融企业，还有可口可乐、玛氏、丰田、拜耳、保乐力加这类的国际公司，还有在民营企业发展、公共安全感、流动人口管理、市政管理、投资环境这些领域的公共部门，都是我们数据合作的先锋伙伴。

2001 年在我哈佛学习归来的时候，我和我们的领导团队积极尝试

了基于数据发展管理解决方案的策略咨询业务，这一业务在商用车领域、乘用车领域、房地产等领域建立起了我们新利基，同时零点作为第三方评估公共政策与公共服务的专业形象借助于专项推动而得以确立。而随着互联网的发展，尤其是基于互联网的电商、出行、支付、快递、社交、旅游、游戏等行业的发展，可用数据源条件发生了极大的变化，而数据用途与数据挖掘模式也发生了非常大的变革，因此基于多源数据、云存储与云计算的算法技术与算法资源的发展，成为我们重要的新选择。从 2010 年开始，零点调查也转型成为零点有数，包括更多的房地产企业、汽车企业、金融企业，还有警务、政务、商务部门成为新一代数据智能的核心合作伙伴。

中国市场调查业现状与发展研讨会

ESOMAR

第一届中国公共服务评价国际研讨会

零点20嘉年华
Th Horizon Carnival

2013年是零点成立20年的日子，一本用民间数据说明中国改革开放成果的书籍《日子里的中国》以中、日、英三种语言版本在北京、东京、伦敦同时首发。这让我想起来在20世纪90年代美国八大智库机构联合游说美国国会通过给予中国最惠国待遇的时候，特别引用零点的民间数据来说明中美贸易关系的双赢价值。27年来，零点有数发布的独立数据，受到国际社会相当的重视，被不少中外媒体称为具有可信度的中国民间数据源，布鲁金斯学会主席约翰·桑顿甚至把零点这类第三方机构越来越多参与的特定领域公共政策与公共服务评估，称为“有中国特色的民主形态创新”。

在没有互联网数据的时代调研数据的汇集与建模分析就很前沿，在大家习惯于经验管理与理念管理的时代基于数据的策略管理就很前沿，在大家已经有了更多数据支持的时代基于更多算法驱动的智能管理就很前沿。很多人看过《魅力会议》《深度访问》《市场调查手册》《营销新疆界》《策略深呼吸》《绝配——营销新主张》《公道——公共管理新逻辑》《重民社会》《交互》《实业的力量》《服务的灵魂》等来自零点专业人员的著作，我们都站在探索的前沿，积极实验、梳理经验、总结原理、培育人才、引领行业，回顾我们所在的专业领域，我们不仅仅贡献了大量的实践案例与成熟的专业服务人才群体，而且我们也为行业贡献了大量有关调研数据分析、基于数据的策略咨询和数据智能服务的方法论书籍、场景应用案例集和模式解剖著作。从当初的数据分析人才的训练班、项目访问员训练班，到后续的第三方评估技能训练班，到今天的首席数据官训练营、未来数据官训练营，零点有数对于研发与人才培育的投入可以说不遗余力。无论是前沿人才培养，还是实验成果的开放程度，零点始终抱着乐于与持续成长的数据行业共享发展资源的态度。

成为卓越的数据智能垂直服务企业是我们现在的定位选择，因此零点有数加大了在数据基础底层技术、算法技术和技术人才汇集上的投入，也加大了各类应用性数据智能实验项目，在智能政务、智能警务、智能商务等多个产品线上开发出自己独特的数据智能服务模块，并持续

在不同的公务系统与商业客户群中产生创新的增效赋能的数据智能应用典范。而在大数据应用服务发展过程中，面对各种实际条件下数据源的不足、数据整理的滞后与数据缺环，零点的实地数据收集与快速交互技术，可以为实用的数据智能模块打上必不可少的“数据补丁”。

在知识服务的道路上我们已经是资深创业者，但是在新的知识管理时代我们所做的还远远不够，我们开发出更多的知识图谱与应用算法，我们需要让机器学习与持续进化的人机互动使得业务经验和数据技术的结合产生更好的降本成效结果，让数据智能来更好地提升窗口政务与各类商业性窗口服务的效率，提高新产品交互研发与服务设计的效率，提高各类问题处理与矛盾解决的效率，当我们朝向这样一个提供高度的数据智能服务的专业机构前进的时候，我们需要一大批既深入掌握业务秘诀又能熟练运用数据技术的人才，而我们团队的每个人需要继续成为谦卑的共同学习者、共同探索者与共同行动者。中国的创业者和企业家已经在很多领域创造出了具有世界竞争力的企业，成为在知识服务与数据智能应用领域的世界级企业，我们也要有这样的使命与担当。

无问西东　只问初心

北京东方博融管理咨询有限公司　周芳芳

转眼入咨询行业已两年有余，期间经历了崎岖波折，心态在变，处境在变，唯一不变的是对成长的执着追求。

一、大舍方能大得

2012 年研究生毕业，就进入了一家大型上市公司从事最喜欢的 HR 行业，一做就是五年，一路从服务业务部门，六大模块都有涉猎的 HRBP 到专注招聘模块的主管，再到招聘经理，顺风顺水，日子过得很舒坦。一开始很享受这样的生活，每天都轻松自在，长时间待在舒适区，我就如同一只烤熟的鹅，没有了什么神经，既没有高层的整体视野和战略能力，又丧失了对具体业务和市场情况的直接感知，成为公司最为尴尬的夹心层。

对突破天花板的渴望，对成长的坚持，我毅然决然地选择了离开，进入了陌生的领域和环境：咨询行业。对于这个抉择，朋友、家人和同事充满了不解，其实，我知道，辞职并不是说和以前的工作彻底划清界限，恰恰相反，是要在实现梦想的过程中不断发挥以往所学，只是转换了身份，不断往自己理想的职业进发，在这过程中，内心向往的未来是一脉相承的，内心那团自我成长的火是永不会熄灭的。

我以咨询助理的身份进入了北京东方博融管理咨询有限公司，在咨询行业，相当于“从头开始”“白手起家”，陌生的行业、陌生的客户、极度欠缺的知识体系、完全不同的工作方法……羁绊着我急切前行的步伐。虽然此刻的效率很低，但是心情很好，因为每天工作不再是机械重复的，进步的火苗已经被唤起。经历了项目的洗礼、领导的刻意培养、同事的言传身教，我逐渐进入了“忘我境界”，工作不再仅仅是工作，而是我要为之奋斗一生的事业；同事不再是简单的协作者，而是我可以不断汲取能量的小知识库；领导不再仅仅是导师，而是我前行的领路人和破除瓶颈的点拨人。

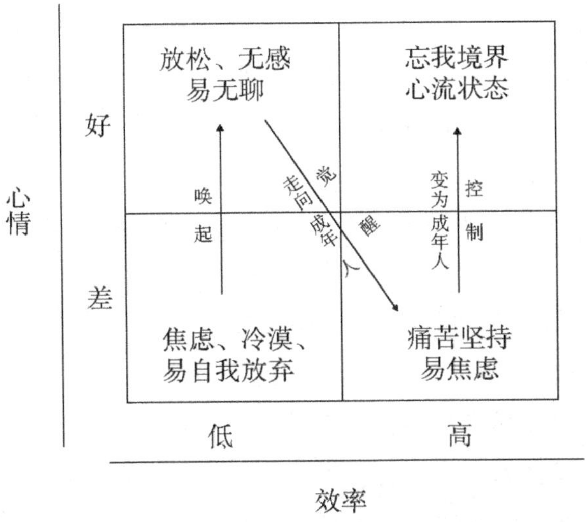

个人成长路线

我一直很庆幸当初离职的那份决然，对安逸生活和工作的毅然舍弃，因为正是当初的舍弃，让我由“焦虑、无助、放松”的未成年人状态，进入“坚持、忘我境界”的成年人状态，舍就是得，有舍才有得，大舍方能大得。

二、追求完美，永不满足

“追求完美，永不满足”是公司一直坚持的工作作风，真正领会其内涵是在一大型国企的企业文化项目上，这是我参与的第一个完整项目。项目临近收尾阶段，项目负责人和我共同修改完善核心文档《理念体系》，客户的一把手对整个理念体系比较满意，部分微调即可。我本以为一两天就能轻轻松松完成，没想到却加班加点地耗费了一周的时间。项目负责人要修改的不仅仅是客户需要调整的部分，更多的是完善客户觉得还差不多的部分。一开始，我提出了质疑，明明客户都已基本认可，为什么还要花费精力和时间去调整，而且还是一遍一遍地不断去调整，他说“自跟客户签订合同起，我们就由两家人变成一家人，‘差不多’不是我们的追求，完美才是。万事最怕认真二字，只有严谨的对待工作，不放过任何一个细节，追求完美，工作才会给你你想要的”。我突然想到上学时读胡适先生的《差不多先生》，当时觉得很可笑，进入职场后发现，差不多先生的处事方式却是我们很多人的真实写照，学习，一知半解；工作，应付了事；生活，随意邋遢，这次百分之九十九可以容忍的话，下次百分之九十也能说得过去，下下次容忍至百分之八十、百分之七十也无所谓了，看似不经意的差不多，集中起来就是差很多。

经历了这次事件，后续的工作中，我时常思考“是否能有更好的解决问题的办法”，并愿意花工夫去寻找更好的答案，也会将每次的工作尽自己最大的努力做到最好，而不是简单交差了事。“追求完美，永不满足”简简单单的八个字，很容易明白，但如何做到却是很难的一件事情。做到完美，做到极致，需要不断去钻研才会出现新机遇，它不是说别人教给你什么东西你就怎么做，而是你必须自己想办法做，超越你本人的状态。

三、人心尽处神自助

制定企业发展战略是咨询项目中最难的，它要求做项目的人必须具备战略思想，拥有战略思维和战略意识，没想到我担任项目经理带的第一个项目就是为一家龙头企业制定5年的发展战略。犹记得奔赴项目地的前一天晚上，公司董事长苏文忠讲的一番话，他说“我很喜欢毛主席在中国共产党第七次全国代表大会上作的《愚公移山》，它明确了中国的战略目标和实现目标的方法：战略目标是搬掉封建主义和帝国主义两座大山；实现战略目标的方法是用心到极致。小事靠能力、中事靠组织、大事靠命运，你们面对既定的目标，只要用心到极致，就能通灵感动上帝，实现目标，这就是所谓的人心尽处神自助”。

我把“用心”“人心尽处神自助”这两个词深深地印在脑海里。这里的“神”是一种愿力，是一种当你决心想做好一件事，会得到大家的帮助，各类资源的支持。在咨询过程当中，当遇到需要将内容模型化挑战的时候，小组思想碰撞、查阅资料等方式都无法解决，日思夜想，不得其解，它始终盘旋在脑海里。一个寒风凛冽的早晨，散着步，耳机里传来罗振宇讲解“商业三级跳与人生三级跳”，一刹那，茅塞顿开，一个似模糊又似清晰的雏形呈现在脑海里，最终达成了目标；当遇到需要通过工具去验证某个结论，却苦于找不到工具的时候，在无意翻阅2015年、2016年和2017年《中国管理咨询优秀案例》里的某一个页面触发灵感时，一种“众里寻他千百度，蓦然回首，那人却在，灯火阑珊处”的美好感觉油然而生……

凡此种种，让我深刻地领悟了“愚公移山”这个故事的内涵：当用心到极致后，就会如愚公坚持不懈、不畏艰难、挖山不止一样，各种资源和系统支持会随着你的用心纷至沓来，最终达成目标。

四、动态中进步

“敬天畏地懂感恩，修德养心练真功”是公司董事长苏文忠对我们的要求，他希望我们每一位咨询师都有敬畏感，知恩感恩，能够真心为客户服务；他希望我们每一位咨询师能拥有真才实学，能有良好的德行和较高的悟性，能永不满足、孜孜以求地提升自己，苦心修炼；他希望我们心无旁骛，专心致志，有足够的定力苦心修炼，多方积累，唯有如此，方能成为一个真正的专家，让客户有获得感，有收获感，才能得到客户的认可，才能获得客户发自内心的尊敬。

学习学习再学习，从入职第一天我就知道这是东方博融管理咨询有限公司给员工设定的永恒主题。一流的咨询师在工作的过程中要不断学习和进步，持续精进自己的业务与技能的，永远不能被存量局限住自己，要追求增量。

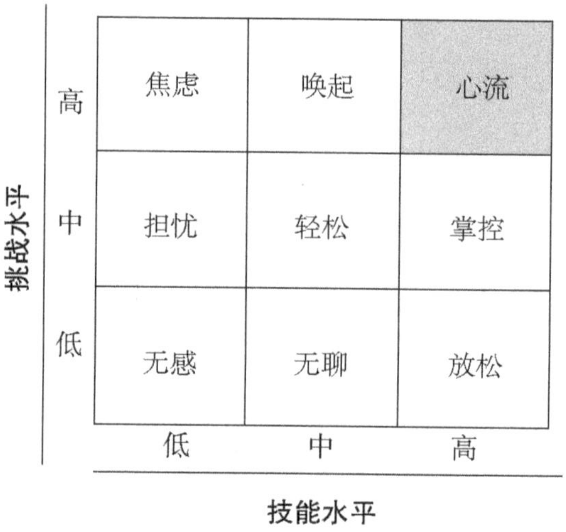

国学中有句名言叫“上止正”。“上”就是上进，自强不息，持续地进行技能提升，应对各种挑战，增强回路，一次次一圈圈的，让循环增强。

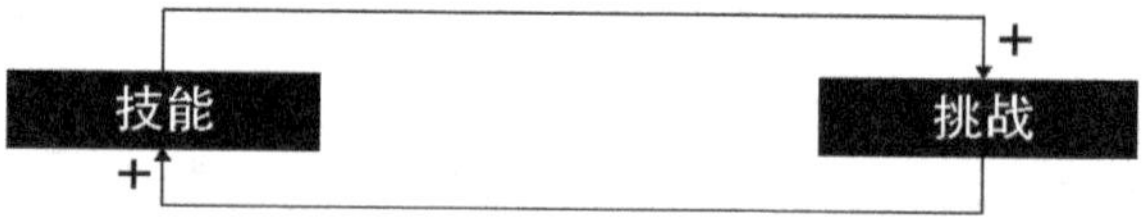

但是也需要“止”的行为调节回路，不要让人生走到顶点后下滑，建立平衡，进行自我修复。若我们可以在到达天花板，即曲线下弯前就开始思考对策，就有机会在这条线里找到改变自己的可能。这话说得很容易，但是谁又会想要在风光的时候思考危机呢？因此我们需要一个破局点，促使我们改变，而那个破局点就是“当你觉得现在非常舒适的时候，就是曲线即将下坠的时候”。走出舒适区，不断寻找破局点，不断突破天花板，如此往复，方能“上”。

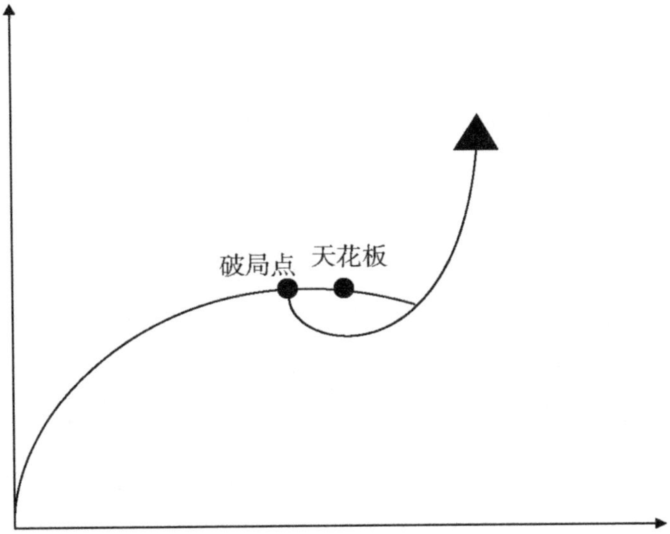

“正”就是走正道，不作恶，有底线，是另一种形式的调节回路“正则通、通则大”，不正不可能通四海，不通不可能达三江。

结　语

人生是一个不断修炼的过程。人的能力通常是有限的，但实际是无限的，有限指的是自己的能力，无限是指一个人可以借助外部的力量，外部的力量是无限的，只要你做好了，神也会被你所用，而这取决于你的修炼。作为咨询师的我们，要苦心修炼，一是要加强学习，理论先行，提高站位；二是注重套路，脚踏实地，规范打法；三是不要闭门造车，沟通沟通再沟通；四是不要自以为是，不要自娱自乐。

8

附录

中国科技咨询协会秘书长璐羽（右二）参加 2003 年亚太地区技术咨询国际研讨会

认识我们：中国科技咨询协会

中国科技咨询协会是经国务院批准，2003 年在国家民政部正式注册的非营利自律性管理的咨询行业协会。

她自成立以来，逐渐明确了自己的责任和工作范围，并面对各种挑战，与广大会员一道积极应对，维护职业行为准则。

我们的宗旨：协助会员不断提升其服务能力，确保为客户提供高水平的服务。

我们的使命：维护职业行为准则，树立本行业在公众的社会形象，促进会员与社会各界之间的相互理解和信任。

我们的工作目标：为了完成以上使命，协会制定了以下工作目标。

（1）开发、改善和激励职业咨询实践活动；

（2）开展咨询业可持续发展规划和行为研究；

（3）促进社会对咨询技能、科学性、实践效果和咨询角色的开发和理解；

（4）就会员共同关心的问题与产业界、科技界、教育界、专业机构进行合作；

（5）对影响咨询行业的直接和普遍性问题发表观点，并阐明立场；

（6）为赢得客户的信任和尊重，维护和贯彻“执业行为准则”；

（7）组织研究有关咨询行业发展的重大理论和实际问题。

通过开展各种活动，发挥咨询行业的引领作用：

（1）定期业内研讨会；

（2）定期业内培训；

（3）实时从业人员职业能力综合测评；

（4）咨询创新奖、女性风采人物奖；

（5）国内外业务交流与合作；

（6）向潜在客户推荐选聘咨询公司（顾问）的方法和技能；

（7）向潜在客户推荐会员的咨询服务；

（8）行业年度会议；

（9）咨询行业发展研究报告。

中国科技咨询协会会员职业行为准则

（2003 年 5 月 28 日通过）

第一章　总　则

第一条　为维护咨询市场秩序，规范咨询职业行为，提高中国科技咨询协会会员（以下简称会员，包括单位会员和个人会员）的职业水准和职业道德素质，维护咨询业良好的职业形象，根据国家法律、法规以及《中国科技咨询协会章程》的有关规定，制定本准则。

第二条　中国科技咨询协会会员职业行为准则是会员在其业务及相关活动中应当遵守的行为规范，是对会员的职业品德、自律规则、专业胜任能力及职业责任等方面的基本规定和要求。

第三条　本准则适用于中国科技咨询协会会员。会员执行咨询业务或其他相关业务，应当遵守本准则。

第二章　基本要求

第四条　会员必须热爱中华人民共和国，遵守国家法律、法规及其他各项规章制度。

第五条　会员应当正直、诚实、守信，不得利用自己的身份、地位和执业过程中所掌握的信息为自己或他人谋取私利，努力维护咨询职业的社会声誉和社会地位。

第六条　会员执行咨询业务，应当恪守独立、客观、公正的原则，客观独立地做出判断和评价，不得因折扣、费用或礼物的诱惑而偏袒任何人或机构，维护客户及相关各方的合法权益。

第七条　会员应当尊重同行，互敬互助，公平竞争，维护本行业声誉。会员在与其客户、同事和公众的联系中，应尽力体现咨询行业的诚信和职业特性，不得传播、散发诋毁其他会员或其他协会以及其他误导公众的言论或宣传资料。

第三章　服务于客户的责任

第八条　会员应当根据客户的委托要求，遵循科学、合理的程序，运用其专业技术知识、方法和经验为客户提供专业服务，维护客户的合法权益。

第九条　会员在接受委托前应当向客户表明自身的执业范围和能力，并就咨询工作的目标、范围、计划和咨询费用与客户达成书面协议，依约运作。对与咨询服务相关的一切问题进行尽可能全面、详尽、深入的调查研究，切实履行应尽的职业责任，不得出现技术和程序上的重大遗漏与失误，不得承接超过自身执业范围或能力的业务，也不得指派不符合约定资格要求的咨询专家承担咨询工作。

第十条　会员应当保守国家秘密、客户的商业秘密及个人隐私，对在执业过程中所获悉的未公开的重要信息应当采取有效措施予以保密，未经客户允许，不得泄露、传递、暗示给他人，也不得用于咨询目的之外的任何用途。但法律法规要求公布的或政府监管部门依法履行职责要求提供的除外。

第十一条　会员在咨询建议或报告中应当充分披露相关信息，使客户或相关方能够合理理解。不得向客户提供含有虚假、严重不实、有偏见、具有误导性或不全面的分析、预测、建议、方案或报告，对于咨询项目获益的期望值持有重要保留意见的应明确告知客户。

第四章　专业责任

第十二条　会员在咨询建议或报告中，应当将客观事实与主观判断严格区分，并对重要事实予以明示。在进行评估、预测等含有不确定因素的工作时，不得向客户做出不切合实际的承诺或保证。

第十三条　会员应当恪守职业道德，尊重他人的知识产权以及其他合法权益。在其提交的咨询建议或报告中引用他人论文、资料等研究成果时，应当合理使用，并标注著作者及其来源。没有法定事由或未经权利人许可，不得擅自使用他人专有的、权利人明确表明禁止使用的或其他处于保密状态的技术、信息、资料、数据等。

第十四条　会员应当对执行咨询业务过程中形成的工作底稿以及所参考的原始信息、数据、资料等档案进行适当保存以备查证。保存期不少于两年，自分析、预测、建议或方案完成之日起计算，与客户另有约定的除外。

第十五条　会员应当事前与客户就费用数额、支付方式、支付时间等进行协商，并写入委托协议或合同中，不得向客户或相关当事方索取咨询费以外的不正当利益。

客户对咨询服务过程中费用支出的情况要求知情的，会员应当予以公开并做出解释。

第十六条　会员应依法竞争，不得通过给客户或客户员工以金钱或任何类似引诱来招揽业务，不得给介绍人各种公开利益以外的财物或利益上的承诺。

第五章　监督管理

第十七条　会员有违反有关法律、法规、规章、政策以及本准则行为的，由协会给予相应的纪律处分。

第十八条　协会的会员督促委员会负责对会员的职业行为进行监督检查。

第十九条　协会对违反本准则的会员，根据情节轻重，给予下列纪律处分：

（一）警告；

（二）内部通报批评；

（三）取消会员资格并在三年内拒绝受理其会员资格申请；

（四）取消会员资格并永久拒绝受理其会员资格申请。

第二十条　会员有违反本准则行为的，任何人都可以向协会进行举报。协会会员督促委员会在接到对会员违规行为的举报或投诉后，应当及时查证核实，并视违规事实及其后果向协会理事会提出给予处分的建议。协会理事会将根据建议以投票表决的形式做出决定。

第六章　附　则

第二十一条　会员与客户发生纠纷而无法自行合理解决的，可以提请协会进行调解。

第二十二条　本准则的修改由协会会员督促委员会提出并修订，经会员代表大会通过后正式实施。

第二十三条　本准则由中国科技咨询协会负责解释。

第二十四条　本准则自发布之日起执行。

抄送：科技部、民政部、各省（市）科技咨询协会。

中国机构采购咨询服务规则指南

中国科技咨询协会编制

2011 年 6 月

指南说明

本指南是基于亚洲开发银行帮助中国咨询业发展的技术援助系列项目下形成的。

在结合中国实际情况的基础上，借鉴了世界银行和亚洲开发银行的相关文件。根据《中华人民共和国招标投标法》，重要的是充分体现了选聘程序的透明度、公正性、复杂程度以及选聘费用之间寻求平衡的原则。

为了更好地理解和使用指南，我们编制了指南培训手册。该手册是专为负责选聘工作的人员准备的，其内容是按照为期两天的培训研讨会日程安排的。培训手册还附有光盘，光盘的内容包括培训研讨会上用的幻灯片以及表格、报告、合同等其他与选聘过程有关的文件样本。

中国科技咨询协会根据本援助项目的主要成果，编制“中国机构采购咨询服务指南”，为政府、企事业单位选聘咨询机构或咨询人员提供参考。本指南有三种选聘方式，使用者可根据实际情况自行选择。

中国科技咨询协会

2011 年 6 月

第一章　有限竞争选聘方式

有限竞争选聘方式在国际上称为“质量加成本”方式，要求咨询机构在提交项目建议书时采用“双信封”形式，即技术建议书和财务建议书分别密封提交，有限竞争选聘方式对项目的规模没有特殊规定。国际很多机构主要采用这种选聘方式。

有限竞争选聘方式主要分为以下三步。

一、准备、发送项目文件和接受项目建议书

（一）组建项目工作委员会和项目评审委员会

1. 组建项目工作委员会

由采购机构组建项目工作委员会。项目工作委员会应至少包括三名成员，由该采购机构的主要领导任主任委员。其职责是全面负责选聘工作，编制任务大纲及以下规定的其他文件，组建项目评审委员会、支持项目评审委员会工作、接受该委员会对项目建议书的评审和排名结果以及进行合同谈判等。

2. 组建项目评审委员会

项目评审委员会由项目工作委员会负责组建。项目评审委员会由部分项目工作委员会成员和相关领域的外聘专家组成。项目评审委员会人数应为奇数，至少有五名成员，其中2/3以上为外部专家。项目评审委员会中既要有技术评审专家也要有财务评审专家。

（二）选择咨询机构

1. 制定资质预审条件

咨询机构的资质预审条件由项目评审委员会制定，在专业协会或行业协会的注册可以作为资质预审条件。

2. 公布项目消息及资质预审条件

项目委员会负责与专业协会或行业协会联系，并在指定的报纸、网站或其他媒介上发布项目公告。公告中应明确说明资质预审条件及提交资质证明材料的时间和地址。

资质预审条件可包括：

（1）与本项目相关的工作业绩；

（2）咨询机构的主要业务人员、设施及设备情况；

（3）咨询机构管理同类规模项目的能力；

（4）咨询机构的财务状况；

（5）咨询机构的工作负荷情况（因负荷情况影响该咨询机构在人员、管理和资金等方面的配置）。

3. 确定通过资质预审的咨询机构名单

如果不把在某协会的注册情况作为资质预审条件，项目评审委员会应根据资质预审条件评估咨询机构的资质证明材料，并确定通过资质预审的咨询机构名单。通过资质预审的咨询机构将进入项目建议书的提交及评审程序。如果通过资质预审的咨询机构的数量不足三家，项目评审委员会应修订并公布新的资质预审条件，重新进行资质预审，直至三家或三家以上咨询机构通过为止。

4. 短名单方式

为促进其他地区、规模较小或财务及法律地位独立的咨询机构参与竞争，项目评审委员会可在资质预审的基础上形成短名单。进入短名单的条件应包括地域（如各地区应各有几名咨询机构进入短名单）、规模（应有大小规模不等的咨询机构进入短名单）及所有制形式等。

项目评审委员会应根据本选聘方式中第2.2款规定发布项目公告，并接受咨询机构提交的意向书以及相应的资质证明材料。

项目评审委员根据上述短名单条件，从提交意向书的咨询机构中选择不多于五家的咨询机构形成短名单，并向进入短名单的咨询机构发送项目文件，邀请其提交项目建议书。

（三）制定任务大纲

由项目工作委员会负责准备《任务大纲》，其内容包括：

（1）项目目的、目标；

（2）项目工作的范围；

（3）项目背景（包括已经开展了哪些研究）；

（4）项目的培训要求；

（5）项目所需的服务、调查及数据等；

（6）对项目成果的要求（图表、报告、软件等）；

（7）采购机构对完成该项目所需人力及时间的初步估计；

（8）要求咨询机构提供技术路线、工作计划、进度安排，以及人员安排等。

如果任务大纲在技术上较为复杂，项目工作委员会难以独立编制任务大纲，可外聘咨询顾问（编制任务大纲的咨询顾问不得参加项目竞争）编制任务大纲。

（四）制定项目建议书评审标准

（1）项目评审委员会在任务大纲的基础上制定技术建议书的评审标准。项目评审委员会在制定技术建议书评审标准时，应考虑咨询机构的工作业绩、技术路线、主要项目成员等关键因素对项目的影响，并确定上述因素的具体分值（详见本选聘方式中第7.2款规定）。

（2）项目评审委员会制定财务建议书评审标准。评审标准中应要求不同咨询机构报出的人员报酬［注明时间单位（年、月、日）、该报酬应包括社会保障费用、一般管理费用及其他费用］和直接支出费用具有可比性。特殊情况下，可以不考虑财务建议书，即财务建议书所占的权重为零。这种情况主要用于技术路线未知的项目（详见本选聘方式中第7.3款规定）。

（3）项目评审委员会应确定技术建议书及财务建议书各占的权重，进行综合排名。咨询服务项目的技术路线一般比较复杂，在这种情况下，财务建议书所占的权重应在0～20%（详见本选聘方式中第7.4款规定）。

（五）准备项目文件

1. 准备项目文件

项目工作委员会负责准备项目文件，包括：

（1）邀请函，主要内容为：

采购机构希望以合同形式采购该项咨询服务的基本要求；

项目建议书提交的时间、地点、截止日期、收件人及联系方式；

主要项目成员不得变更的有效期限；

技术建议书和财务建议书分别密封提交的要求及技术建议书和财务建议书的份数；

实地考察的安排（如需实地考察）；

合同谈判和项目启动的日期；

对项目文件进行答疑的程序；

准备项目建议书的费用由咨询机构自理的说明；

收到项目文件的信息反馈及明确向采购机构表明参加项目竞争的方式。

（2）任务大纲（详见本选聘方式中第3款的规定）、选聘程序和项目建议书评审标准（详见本选聘方式中第5款和第7款规定）。

（3）邀请函附件，其主要内容为：

技术建议书格式：工作计划、人员安排、进度安排、人员简历、咨询机构资历等；

财务建议书格式；

采购机构准备为该项目提供的服务、设施、设备或人员的详细情况说明；

中国机构采购咨询服务规则指南；

合同样本。

2. 汇总项目文件

由项目工作小组负责将上述所有文件进行汇总，形成完整的项目文件。

（六）发送项目文件和接受项目建议书

1. 发送项目文件

项目工作委员会负责向所有符合注册条件、通过资质预审或进入短名单的咨询机构发送项目文件。

2. 项目实地考察

在必要的情况下，项目工作小组应安排咨询机构进行项目实地考察。

3. 答疑

项目工作委员会负责受理并解答关于项目文件，包括任务大纲及其他文件的疑问。所有提问及答复均应以书面形式通知所有准备提交项目建议书的咨询机构。

4. 准备项目建议书

咨询机构应根据项目文件的要求准备项目建议书。咨询机构在准备项目建议书时可参考备注“咨询机构（顾问）的注意事项”。

5. 接受项目建议书

项目工作委员会接受咨询机构提交的项目建议书，并保证其在开启前的安全和保密。

二、项目建议书的开启、评审和排名

1. 开启项目建议书

项目工作委员会与项目评审委员会先开启技术建议书，并由项目评审委员会对其进行评审，在此期间不应打开财务建议书。

2. 技术建议书评审

由项目评审委员会根据本选聘方式中第4款规定的评审标准和权重对技术建议书进行评审。技术建议书总分为1000分。根据咨询机构的经验、方法、主要项目成员等关键因素对项目的影响来确定上述因素的具体分值。

根据各类项目的不同特点制定评分标准，总分为1000分：

（1）咨询机构的相关工作业绩：50～100分。

（2）技术路线和工作计划：300～500分。

对项目目的的理解；

技术路线的质量；

工作方法的创新性；

工作计划；

人员及时间安排；

项目建议书的表述。

（3）主要项目成员：400～600分。

经验；

教育背景及曾获奖项；

与项目要求的符合程度。

将得分最高的技术建议书的分值定为1000分，并以此为基础计算其他技术建议书的得分。

3. 财务建议书评审

若财务建议书的权重为零，项目评审委员会只在合同谈判阶段开启参加合同谈判的咨询机构的财务建议书，其余财务建议书原封退回各咨询机构。

如果财务建议书权重不为零，项目评审委员会将首先检查其合理性及是否符合任务大纲的要求。

财务建议书必须符合规定格式，采用统一的分类和单位，以便进行比较。财务建议书应按报价由低向高依次排列。

项目评审委员会预先按照下列原则确定财务建议书的权重，权重总数以1000计：

技术路线未知的项目，财务建议书的权重为零；

技术复杂程度较高的项目，财务建议书的权重为10～50；

技术复杂程度一般的项目，财务建议书权重为50～150；

技术复杂程度较低的项目，财务建议书权重为150～200。财务建议书的权重最高不得超过总权重的20%。

将报价最低的财务建议书的得分定为1000，以此为基础依次计算其他财务建议书的得分①。

4. 综合排名

项目评审委员会根据事先确定并已通知咨询公司的权重，将技术建议书得分和财务建议书得分加权相加得到综合分数，并根据综合分数的高低对咨询机构依次进行排名。

5. 提交排名结果

项目评审委员会将上述排名结果提交项目工作委员会审议。项目工作委员会邀请排名第一的咨询机构进行合同谈判。

---

① 培训手册中有具体的计算方法。

三、合同谈判和签署合同

（一）与排名第一的咨询机构进行合同谈判[2]

当项目建议书的排名最终确定后，项目工作委员会应邀请排名第一的咨询机构代表就咨询机构所提交的项目建议书进行合同谈判①。合同谈判中应对任务大纲、咨询机构提出的工作计划、人员及时间安排等内容进行充分讨论，以确保咨询机构提供的服务能够使项目取得成功。任务大纲规定的任务能够在双方同意的人员及预算条件下按时完成，并且项目能够按计划的时间进行。

合同谈判中还应对财务建议书的内容进行讨论，若财务建议书的权重不为零，不得在不增加预算的情况下显著增加任务大纲的内容，也不得在任务大纲的内容未作相应减少的情况下显著降低价格。若财务建议书的权重为零，则财务建议书中的内容在谈判时有较大的灵活性。

项目工作委员会应对谈判过程作详细记录，并由项目工作委员会主任委员和咨询机构授权代表签字确认，上述谈判记录应作为选聘过程的重要纪录归档长期保存。

（二）签署合同

1. 签署合同

合同谈判成功结束后，由采购机构和咨询机构双方的授权代表签署合同。合同签署后，项目工作委员会应将选聘结果通知所有未中选的咨询机构。

2. 合同谈判失败的后果

如果与排名第一咨询机构的谈判未能达成双方可接受的合同，项目工作委员会应中止合同谈判，并邀请排名第二的咨询机构进行合同谈判。

第二章　招投标选聘方式

本选聘方式在我国招投标法的基础上，对咨询服务招标投标的具体程序进行了细化。招标分为公开招标和邀请招标。

一、公开招标

（一）准备、发送项目文件和接受项目建议书

1. 组建项目工作小组

由采购机构组建项目工作小组。项目工作小组应至少由五名成员组成，并由一

---

① 有限竞争下的合同谈判与招投标法中的相应规定区别较大。这一规定的前提是采购机构不得强迫咨询机构接受不合理的要求和条件。从长远来说，如果咨询机构以低于成本的价格承接项目，则必然会导致赔本或不履约。

名采购机构的主要领导任组长。项目工作小组的职责是依照招投标法和本指南全面负责选聘工作、编制任务大纲及以下规定的其他文件、组建评标委员会、并接受评标委员会的排名报告。

2. 组建评标委员会

评标委员会由项目工作小组负责组建。评标委员会应至少由五名成员组成，其中应包括项目工作委员会的部分成员以及相关领域的外聘专家。外聘专家应占评标委员会总人数的2/3以上。评标委员会成员中应既有技术标评审专家，也有财务标评审专家。

3. 制定资质预审条件

资质预审条件由评标委员会负责制定。资质预审条件包括相关工作业绩、同类规模的项目经验、咨询机构是否安排其资深职员参加此项目、咨询机构在管理和财务方面的状况等。

4. 发布招标公告和资质预审条件

项目工作小组刊登广告、与咨询协会联系，并在指定的报纸上发布招标公告。招标公告中应明确说明资质预审条件及提交资质证明材料的时间和地址。

资质预审条件可包括：

（1）与本项目相关的工作业绩；

（2）咨询机构的主要业务人员、设施及设备情况；

（3）咨询机构管理同类规模项目的能力；

（4）咨询机构的财务状况；

（5）咨询机构的工作负荷情况（因负荷情况将影响该咨询机构在人员、管理和资金等方面的配置）。

5. 确定通过资质预审的咨询机构

评标委员会根据资质预审条件对咨询机构的资质证明材料进行审核，确定通过资质预审的咨询机构名单。资质预审不采用打分的方式评审，只有“通过”和“未通过”之分。通过资质预审的咨询机构将正式进入招投标程序。如果通过资质预审的咨询机构的数量不足三家，必须修订并公布新的资质预审条件，重新进行资质预审，直至三家或三家以上咨询机构通过资质预审为止。

6. 制定任务大纲（可与资质预审同时进行）

任务大纲由项目工作小组负责编制，其内容包括：

（1）项目目的、目标；

（2）项目的工作范围；

（3）项目背景（包括已经开展了哪些研究）；

（4）项目的培训要求；

（5）项目所需的服务、调查及数据等；

（6）对项目成果的要求（图表、报告、软件等）；

（7）采购机构对完成该项目所需人力及时间的初步估计；

（8）要求咨询机构提供为完成项目所选择的技术路线、制定的工作计划、进度安排，以及人员安排等。

7. 确定技术标和财务标的评审标准

评标委员会根据任务大纲制定技术标评审标准。评标委员会在制定评审标准时应考虑咨询机构的工作经验、技术路线、人员安排等关键因素对项目的影响并确定上述因素的具体分值（参见本选聘方式中第16款规定）。

评标委员会制定财务标的评审标准。评审标准中应要求不同咨询机构财务标中报出的人员报酬［注明时间单位（年、月、日）、该报酬应包括社会保障费用、一般管理费用及其他费用］和直接支出费用具有可比性。

评标委员会确定技术标及财务标所占权重，并进行综合排名。

不同项目的技术标和财务标的分值及权重范围见本选聘方式中第16～18款规定。

8. 咨询机构须知（招标文件）

由项目工作小组准备招标文件，包括：

（1）招标函①，其主要内容为：

采购机构希望以合同形式采购该项咨询服务的基本要求；

投标文件提交的时间、地点、截止日期、收件人及联系方式；

主要项目成员不得变更的有效期限；

技术标和财务标分别密封提交的要求及技术标和财务标的份数；

实地考察的安排（如需实地考察）；

合同谈判和项目启动的日期；

① 见培训手册中的邀请函格式。

对项目文件进行答疑的程序；

准备投标文件的费用由咨询机构自理的说明；

收到招标文件的信息反馈及明确向采购机构表明投标意向的方式。

（2）任务大纲（详见本选聘方式中第16款规定）和评标标准（详见选聘方式中第7款规定）。

（3）招标函附件，其主要内容为：

技术标格式：工作计划、人员安排、进度安排、人员简历、咨询机构资质等；

财务标格式；

采购机构准备为该项目提供的服务、设施、设备或人员的详细情况说明；

中国机构采购咨询服务规则指南；

合同样本。

9. 汇总招标文件并报监督部门备案

项目工作小组负责将所有上述文件进行汇总，形成完整的招标文件并报监督部门备案。

10. 发送招标文件

项目工作小组负责将招标文件发送给所有通过资质预审的咨询机构。

11. 项目实地考察

在必要的情况下项目工作小组应安排咨询机构进行项目实地考察。

12. 答疑

项目工作小组负责受理并解答关于任务大纲及其他招标文件的疑问。所有提问及答复均应以书面形式通知所有进入招标程序的咨询机构。

13. 准备投标文件

咨询机构应根据招标文件的要求准备投标文件。

14. 接受投标文件

项目工作小组接受咨询机构提交的投标文件并保证其在开标前的安全和保密。

（二）项目建议书的开启、评审和排名

1. 开标

开标应在预先确定的日期进行，并邀请所有提交投标文件的咨询机构的代表出席。

2. 技术标评审

由评标委员会根据本选聘方式中第7款规定的技术标评审标准和权重对技术标

进行评审。技术标的总分为1000分。

国际上通用的评审标准和分值比例如下：

（1）咨询机构相关工作业绩：50～100分。

（2）技术路线：300～500分。

对项目目的的理解；

技术路线的质量；

工作方法的创新性；

工作计划；

人员及时间安排；

投标文件的表述；

（3）主要项目成员：400～600分。

经验；

教育背景及所获奖项；

与项目要求的符合程度。

将得分最高的技术标的分数定为1000，并以此为基础依次计算其他技术标的分数。

3. 财务标评审

（1）开启财务标后，评标委员会首先检查财务标是否合理、是否满足招标文件的要求、是否低于成本①；

（2）财务标必须具有可比性，即采用统一的分类和单位。将财务标按报价由低向高依次排列；

（3）评标委员会根据下列标准预先确定财务标所占权重，权重总数以1000计：

技术路线未知的项目，财务标的权重为零；

技术复杂程度较高，不确定性较大的项目，财务标的权重为10～50（权重总数以1000计）；

技术复杂程度一般的项目，财务标的权重为50～150；

技术复杂程度较低的项目，财务标的权重为150～200；

将报价最低的财务标的得分定为1000，然后以此为基础依次计算出其他财务标

① 参见招投标法第33～41条。

的得分。

4. 综合排名

评标委员会根据事先确定并已通知咨询机构的权重，将技术标得分和财务标得分加权相加得到综合分数，并根据综合分数的高低对咨询机构进行排名。

5. 提交排名结果

评标委员会将上述排名结果提交给项目工作小组审议。

（三）合同谈判和签署合同

1. 报监督部门备案

在宣布授予合同之前，采购机构应将排名结果和建议，以及选聘过程中的所有其他工作记录报监督部门备案。

2. 宣布中标

项目工作小组向排名第一的咨询机构发出中标通知书并邀请其进行合同谈判，同时将中标结果通知所有未中标的咨询机构。

3. 合同谈判

项目工作小组和中标的咨询机构代表在中标通知书发出后 30 天内进行合同谈判。合同谈判的主要内容是澄清合同条款以及没有包含在招标文件和投标文件中的内容，如付款的细节和项目启动日期等。合同谈判不得对任务大纲、工作计划和财务标等进行实质性改变。

4. 签署合同

由采购机构授权代表和咨询机构的授权代表在合同上签字。

5. 合同谈判失败的后果

中标通知书在采购机构和咨询机构之间具有法律效力。如果双方未能达成可接受的合同，应中止合同谈判，重新进行招标。对谈判失败负责任的一方应承担重新招标的所有费用并赔偿另一方所遭受的损失。

二、邀请招标

1. 邀请招标的目的

邀请招标适用于以下两种情况：

(1) 只有少数几家咨询机构可提供所需服务。招标人采用邀请招标方式的，应当向三家以上具备承担招标项目能力、资信良好的咨询机构发出投标邀请。

由采购机构向三家以上咨询机构发送投标邀请文件，投标邀请文件应包括公开招标中第8（1）款中所包含的内容。被邀请的咨询机构之间不得联合投标。

（2）采购机构希望为那些在公开招标方式下难以得到项目的咨询机构提供机会，例如来自其他地区、规模较小或新成立的咨询机构。

由评标委员会根据本选聘方式中第3款制定短名单的资质预审条件。短名单的条件应包括地域（即进入短名单的咨询机构应来自不同地区）、规模（短名单中既有大型的咨询机构，也有小型的咨询机构）以及所有制形式等。

这其实就是正式的短名单方式。有关短名单的详细介绍见有限竞争选聘方式中第2.4款规定。短名单方式可以用于防止大型的实力较强的咨询机构包揽同一选聘机构的所有项目。

2. 组建项目工作小组和评标委员会

由选聘机构根据公开招标中第1款和第2款的规定，组建项目工作小组和评标委员会。

3. 公布项目消息和资质预审条件

在上述1（2）的情况下，采购机构根据公开招标中第4款的规定，公布项目消息及资质预审条件，并接受咨询机构提交的意向书和资质证明材料。

由评标委员会根据上述条件从提交意向书的咨询机构中选择不多于五家的咨询机构建立短名单。

4. 后续步骤

后续步骤依据公开招标中第6款至第24款程序进行。

第三章　特殊情况的选聘方式

一、直接委托方式

1. 适用范围

直接委托只适用于下列特殊情况：

（1）项目紧急，必须马上签署合同并立即开始工作，以确保能在所要求的时间内完成项目。

（2）目金额较小（低于人民币五万元），若采用其他选聘方式，选聘成本相对于项目金额过高。

（3）计划进行的项目是现有项目的后续项目，而且另行聘请咨询机构与继续委托执行现有项目的咨询机构相比，会明显增加时间和费用方面的支出。

（4）后续项目要求咨询机构需要具备只有在执行现有项目过程中才能获取的特定技术或成果。

（5）项目涉及国家机密或其他保密事项。

2. 合同谈判

采购机构先将任务大纲发给拟直接委托的咨询机构。合同谈判的主要内容是任务大纲以及咨询机构应完成的工作。咨询机构应提交包括工作计划、人员和进度安排及预算在内的技术建议书以及财务建议书。采购机构应慎重审核其财务建议书，避免非竞争条件下咨询机构的报价过高。

二、选聘独立咨询顾问

当采购机构只需要咨询顾问为其提供建议，而不需要咨询机构对项目成果进行管理或承担责任时，采购机构可通过刊登广告、通知有关协会或研究院所等方式直接选聘独立咨询顾问。选聘独立咨询顾问的基本依据是信誉、经验和学识。选聘标准具体可包括：学术背景、相关领域的经验、是否了解当地情况以及是否掌握当地语言等。

在此情况下，采购机构只向咨询顾问个人支付报酬，而不向咨询机构支付费用，独立咨询顾问的管理工作由采购机构直接承担。

备注：咨询机构的注意事项

咨询机构在参与以上选聘方式的活动中，要对自己的行为实行自律，主要包括以下几点：

（1）严格按照项目文件要求如实准备项目建议书，特别是项目成员简历，因项目成员简历或咨询机构资质中的任何不实数据均会对项目成员、咨询机构，乃至整个项目的选聘工作造成严重后果。

（2）不得试图从项目工作委员会和项目评审委员会处获取保密信息，不得试图影响项目工作委员会和项目评审委员会的决定。

（3）实事求是地提交费用方面的情况，尤其是直接支出费用。

（4）不得擅自更改项目成员，应及时安排项目成员，按时完成项目。

（5）对从采购机构获得的资料应严格保密。

《中国咨询业发展蓝皮书》编写背景说明

在2018年接近尾声的两个月里，在参加的各种会议上，人们对咨询业发展的昨天、今天和明天讨论较为深入，主要话题从战略方向调整、咨询机构转型、咨询人才获得、到咨询市场价值和客户端需求变化等，当然这些讨论的主要目的是促进我国咨询业的健康发展。

这些讨论让我萌发了发布《中国咨询业发展蓝皮书》（以下简称“蓝皮书”）的想法，目的是想对中国咨询业的发展历程有一个较为系统的梳理，认清其发展脉络，面对发展现实，才能坚定未来的探索之路。

大致描述中国咨询业发展的足迹，说起来容易，做起来是一个大工程。什么是咨询的业务领域？什么时间算作我国咨询业发展的起始点？在全国360行中都有咨询的足迹，如何分类？尽管目前咨询业还没有产业促进政策，但政府各个有关部门也都扮演过重要的促进角色，政府的作用到底是什么？如果咨询能称为产业，那么它的产业规模有多大？有多少咨询机构和从业人员？这些机构有过怎样的贡献？他们做过什么？现在在做什么？他们受到转型的挑战吗？转型后的人才从哪里来……一大堆的问题迎面而来。面对这些问题，更加感觉这项工作很有意义。

我们将这些想法汇报给协会理事长施祖麟先生，他认为这项工作非常有价值。在理事会大力支持的前提下，协会成立了蓝皮书编写专家组。

2019年年初刚刚着手进行本书的框架设计，家母病危，只好把这个重担移交给北京智囊维实企业管理有限公司总裁傅强先生，他没有推诿，一口答应，在此我对他表示深深的谢意！

傅强在专家组工作的基础上，从构思、框架设计、内容要求到组织团队，用很短的时间，在没有任何经费支持的情况下，就行动起来，从调研、收集资料到撰写，在2019年年底完成初稿，又经过专家组的几次打磨，准备过了春节就交付出版社了。

临近春节，疫情突起，咨询界行动起来投入到"抗疫"的工作中去，因此本书在交稿之前，又把抵抗疫情，免费帮助企业复工复产，投身"新基建"构建中，帮助企业转型等工作内容增加到本书中。

值得说明的一点是，我国咨询领域经过39年（从1981年第一家在工商局注册的咨询公司成立到2020年止）的发展，咨询种类基本分为企业管理、工程建设、公共管理和技术专业服务等，但就客户需求，基本可以分为管理咨询和工程咨询两大领域，其中包括了公共管理和企业管理以及技术服务。本书更着重描述了管理咨询的发展历程，相对而言，工程咨询的分量轻了许多，其原因是我们更了解管理咨询发展，而对工程咨询研究相对较弱，但这并不说明工程咨询在我国咨询业的占比较少。因时间关系，没有统筹协调好，在此深表歉意。

本书献给那些在咨询一线奋斗过的咨询创业者、领导者和广大从业人员。希望本书也能帮助想了解咨询、愿与咨询人员一起同行实现理想的人们。

每个人都有机会形成新的商业创意，每个创意的实现一定也充满失误、推倒重来、尝试与错误，这就是我们咨询为什么跟你同行的主要原因，用专业的思维、技术手段和方法，帮助你减少失误与失败，不断赋能，整合资源，提高效率与效能，这就是咨询的价值所在！

我们愿意与你同行！

璐　羽

2020年5月18日